成為由內而外360度
無死角美麗女王的完全攻略
完美女人變身魔法書
Perfect Woman
Betty馮

序　細節成就完美

完美女人的容顏是美麗的，
完美女人的性感是媚惑的，
完美女人的氣質是優雅的，
完美女人的格調是精緻的……

男人從來不會只透過一個女人容貌就評斷她是否是一個美麗的女人，而一個女人是否美麗也絕非因為她生得漂亮。

女人的外表固然重要，但是她的內在美、細節美同樣無法讓人忽視。人們評價一個女人是否完美的時候，常常不會過多在乎她的地位、財富及樣貌，更多的則是關注這個女人對生活的態度及對細節的處理。

每一位追求完美的女性都應明白這樣一個道理：完美絕不是與生俱來的，而是需要靠妳自身全方位修煉得到的。雖然這將會是一個漫長的過程，需要妳的耐心和妳對美不懈的追求，靠的是潛移默化、潤物細無聲的力量。

女人的完美體現在耐人尋味的細節上，而正是這樣耐人尋味也使得女人成為了最神秘的「天使」。

身為女人，妳會發現，優雅的氣質、敏銳的思維、得體的妝容……都與妳的一顰一笑、一舉一動息息相關。

當然，細節女人絕不是那些瑣碎的、絮叨的、毫無章法、大大咧咧的女人，細節女人是那些縈繞著古韻芬芳的典雅女人，也許她並不富有，也許外表極其的平凡，但是，她卻給人一種舒適的感覺，相處久了，讓人會情不自禁的感到快樂，覺得溫暖。

小細節成就大人生，關注細節就是關注人生，講究細節就是講究人生的品質與品位。

對於女性來說，細節代表著一種氣質、一種智慧。有細節的女人，總是給人無限的想像，而這種想像，不僅愉悅人的眼球，而且愉悅人的身心。

真正的女人應該是外表精緻，內涵豐富，聰明大度，優雅成熟，時尚而不時髦，風韻而不風情，古典而不古板，隨和而不隨便，內斂而不內向，從容而且淡定，能夠將微不足道的事做到完美無瑕，將舉足輕重做到無懈可擊。

女人是愛情的魂，女人是家庭的軸，女人是社會的靈。女人的一生都在追求完美，無論在別人的眼中，還是在自己的生命裡，女人，始終是那閃爍著美麗光芒的天使。

CONTENTS

序 002

Chapter 1

完美女人初級轉變：讓自己看上去很美

一、彩妝，詮釋美麗女人 008

二、搭配，塑造完美感覺 043

三、時尚，點亮生活色彩 073

Chapter 2

完美女人深度轉變：讓妳的美由內而外的散發

一、儀態，他對妳的第一感覺 088

二、品味，屬於女人的「味」、「道」 112

三、氣質，為女人打造自己的「品牌」 136

四、智慧，讓妳擁有吸引「他」的磁場 153

Chapter 3

完美女人終極轉變：讓妳的美麗一直存在

一、習慣，助妳漫步走向美麗 166
二、感情與財富，打造女人獨立新姿態
感情篇 185
理財篇 204
三、心態，讓妳越變越美 212
四、健康，讓妳持久美麗的原動力 231
後記 260

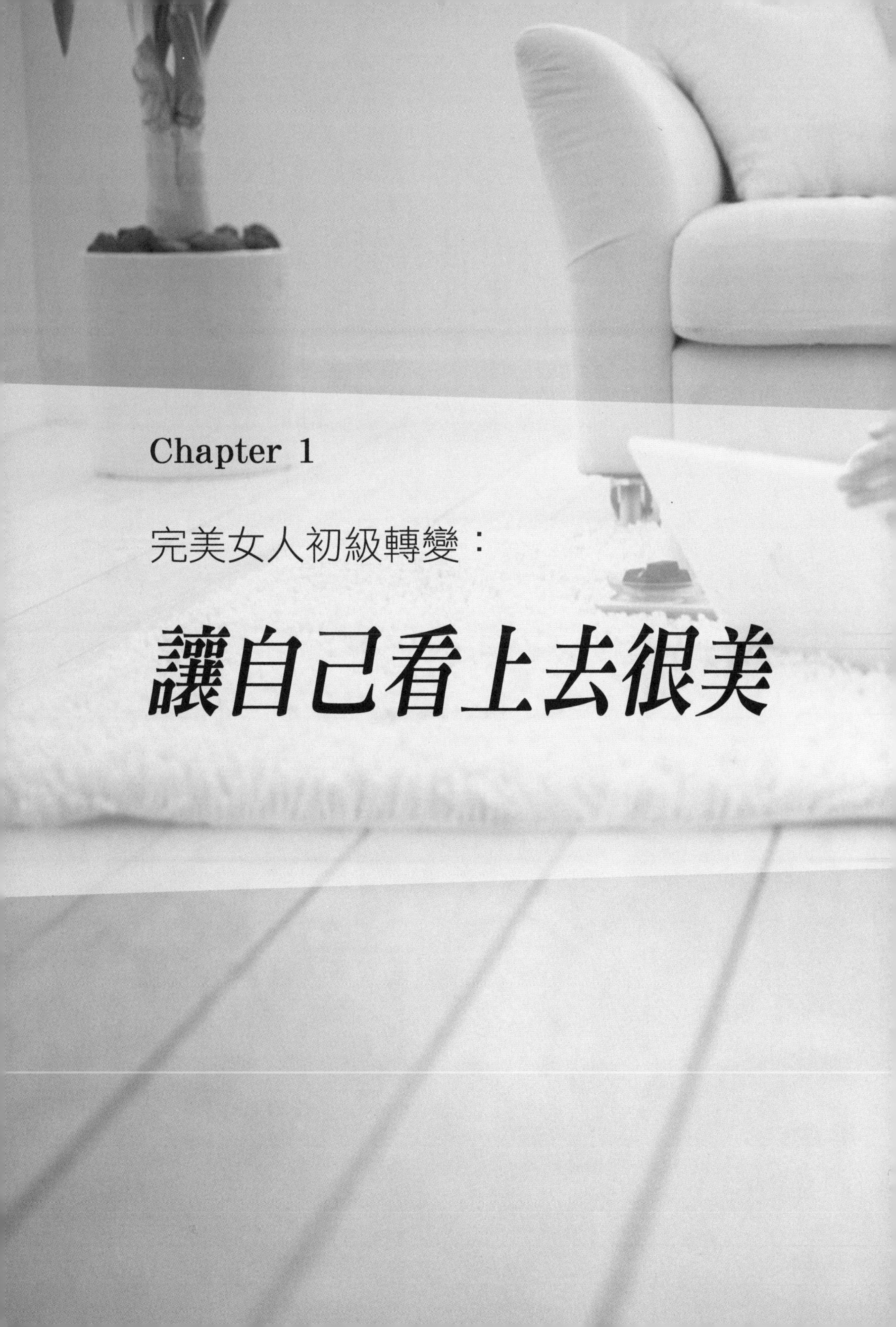

Chapter 1

完美女人初級轉變：

讓自己看上去很美

lesson 1

彩妝，詮釋美麗女人

女人讓妳美由內而外散發

妳還在為沒有美麗的容顏而發愁嗎？妳還在為沒有曼妙的身姿而傷神嗎？妳希望逛街的時候，男人的目光都圍著妳轉嗎？

相信所有的女人都會異口同聲的回答：YES！

女人是美麗的化身，沒有女人不愛美，不嚮往美。然而，現實生活中除非妳長得比章子怡的臉還要精緻，比蕭薔的身材還要性感，否則妳就必須要想點什麼辦法來掩蓋出現在妳身上的小瑕疵。

為此，女人開始購買各類的化妝品，可是妳有沒有想過，化妝只是一時的，妳不能總一味的將臉隱藏在厚厚的粉底下面。

妳有沒有想過，哪一天妳也可以擁有像雞蛋一樣的皮膚，光滑細膩而富有彈性，妳也可以擁有豐腴的身材，玲瓏有致的完美S型曲線。現在就行動，一切將不再只是夢中的景象，想要美麗，一件事就能搞定——「吃」！

沒錯，妳沒有聽錯，就是吃，「吃出美麗」的「吃」，不是暴食暴飲，不是三天吃兩天不吃，更不是沒頭沒腦地傻吃。

不要小看「吃」這個動作，它也是很有講究的，我們在吃的時候要有節奏，在吃之前又要有準備，還要有選擇性的吃，用心的去吃，重調養的吃。

談到調養，我不得不再說明一點——調養之於女人，猶如根之於花。根好，便年年有花香；根衰，則即使有花也是垂敗之花。同樣的道理，女人只有調養好了，皮膚才能時時光澤，歲歲滋潤，反之，沒有調養的女人，即使用再多的化妝品，也只能是沒了根的花，過不了多久就會枯萎。

看來「吃」對女人來說太重要了。很多愛美的女生，因為減肥等原因，常常可以節食，卻不知道這樣做只能讓妳越變越醜，體重雖然在降低，可是美麗也在不知不覺中流失掉。

漂亮的女孩一定是一個會吃的女孩，她們不需要化妝品的襯托，臉色自然泛著光澤，由內而外透著粉紅。妳還會發現，真正會吃的女孩，絕對不會過胖或過瘦，她們的身材總是剛剛好。從裡到外透著一種清新的活力。

現在的妳是不是也心動了呢？是不是也想馬上投入會吃一族呢？

其實，做一個會吃的漂亮女人是一件非常容易的事情，只要妳吃得新鮮，吃得自

然即可。

吃得自然，顧名思義就是吃來自大自然的食物，即綠色蔬菜、有機蔬菜等。這些蔬菜雖然價錢普遍偏高，但它的固體物質和營養的含量卻很高。

吃得新鮮，就是維持食物的原始性，最好的原始性食物就是家裡媽媽（如果妳已經長到足夠大了，就只能吃自己做的飯啦）煮的飯菜，因為家裡做的飯最大的好處是新鮮，含有機成分高，乾淨衛生，更有益於健康。

但是，很多女生在外面辛苦工作了一天後，常常到家就四腳朝天的躺在沙發上，寧願在樓下隨便吃點，也懶得回到家裡再到廚房裡「奮鬥」。此時，妳可以站在鏡子面前想像一下變美麗的自己，對自己說：「嘿，加油，明天的明天妳就會成為一個由內而外散發美麗的魅力的女人，現在這點勞累是值得的！」

最後，對於那些不會做飯的美眉也可以在回家後，為自己做一份新鮮的蔬菜沙拉，既營養又健康。

吃出美麗是一個循序漸進的過程，在這期間姐妹們一定要經常為自己打氣加油，堅持健康的、有節制的吃好每一餐。對那些常常因為工作而餓一餐飽一餐的ＯＬ來說，養成合理的飲食習慣，就是她們延續美麗的秘訣。

另外，據有關研究表示，人體的內臟，比如心、胃、腎等都和臉上不同的部位有著特定「聯繫」。愛美的姐妹們，一定要打起精神，仔細觀看以下的內容，把自己「吃」得更加漂亮！

皺紋是女人最大的敵人，很多女人都認為皺紋就是衰老的前兆，其實皺紋的增加往往並不是因為年齡所致，而是因為肝臟的負擔過重。這也就是為什麼常吸菸、飲酒的女性看上去常常比同齡的女性老很多。所以，想要擁有美麗的容顏的姐妹們，戒菸、戒酒勢在必行，且每日一定要維持飲水三公升以上。

與皺紋相比，第二件讓女人頭痛的事情就是黑眼圈。每天起來都頂著一對熊貓眼，眼神無光，站在鏡子前還以為是見「鬼」了，可是昨晚明明不到八點就已經去找周公了，使用了各種眼膜，熊貓眼依舊掛在臉上。

事實上，熊貓眼不僅僅是休息不好引起的，也可能是由於妳的腎負擔太大造成的，這樣就得要求妳不僅要保持良好的睡眠，還應減少鹽、糖的攝取量，多吃紅蘿蔔或者來點蒲公英。

夏天到了，很多女生都喜歡在自己的臉頰上打一層淡淡的腮紅，讓自己的皮膚看上去更加紅潤細膩。但假如妳一連幾天都臉色無光，臉色發灰的話，照鏡子時總覺得好像是沒洗臉似的，很有可能是妳的肺功能出了問題。此時的妳光靠腮紅來補救是遠遠不夠的，還應該邀約姐妹或是男友一起到郊外走走，一來散散心，聯絡聯絡感情，

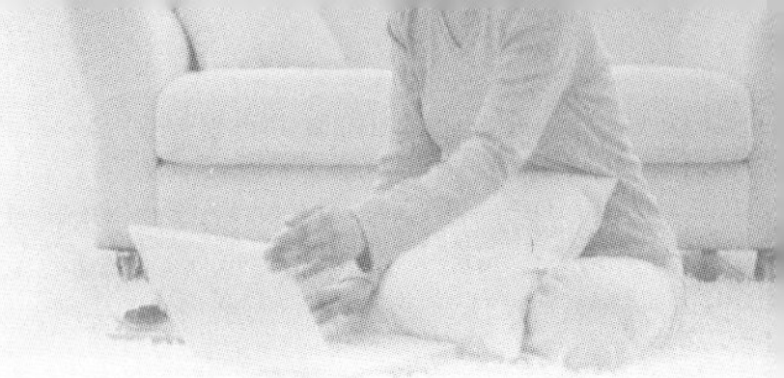

二來呼吸一下新鮮空氣，讓妳的肺跟著一起做一做有氧運動。

妳在生活中是一個甜食主義者嗎？如果妳酷愛甜食，寧願捨男友也不捨甜食，那麼妳要注意了，千萬不要一次貪食太多，否則很容易第二天一起床就發現自己的鼻子發紅，出現很多紅血絲變成「小丑鼻」。

但假如戒掉甜食會讓妳失去生活的樂趣，妳也可以選擇一些低糖類的零食吃吃看，味道相差不多，卻可以有效的預防「小丑鼻」和脂肪堆積。此外，喜歡吃甜食的美眉還應多注意休息、戒菸，以減輕甜食給心臟帶來的負荷。

現在就開始行動吧！從每日必做的「吃」開始，做個「內外兼修」的完美「妖精」吧！

美容、彩妝要因人而異

看到身邊會打扮的女生，又化了一個很美的彩妝，妳嫉妒嗎？得知好友正在做的美容SPA非常有效，妳羨慕嗎？

但當妳千辛萬苦從別人那裡問來了秘方或是彩妝技法後，卻發現用在自己身上完全無效，甚至出現反作用時，妳又會不會為此而苦惱不已呢？

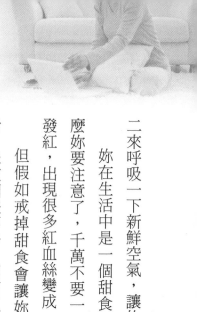

不要埋怨人家的方法不好，只是妳沒有即時與自己的皮膚「對話」。每個女人的膚質不同，不可同樣對待。護理方法也自然因膚質而異，切莫找到什麼「秘方」就用什麼，這樣很有可能會讓妳的皮膚「生氣」，不再「理」妳哦！

我們都知道皮膚基本分為三大類：乾性、中性和油性。因此，要根據不同膚質的不同特性，有選擇的使用美膚產品或是化彩妝。

這三類膚質中最難護理的就是乾性和油性，因為與中性膚質相比，這兩類膚質都顯得有些「極端」，要不是過於乾燥，要不然就是過於油膩。

乾燥美眉最大的煩惱就是細紋和敏感膚質，由於皮膚大量缺水，所以上妝後不久便會出現細紋，此外乾燥美眉的皮膚一般都非常敏感，化妝品稍用不慎便會出現過敏症狀，如：出紅疹或是小痘痘（天啊，第二天無法見人啦！）。

那麼，乾燥美眉該怎樣來補救呢？

既然是乾燥，那麼第一步要做的就是補水，補水，充分地補水。只有讓皮膚「喝飽」水後，才能更好地上

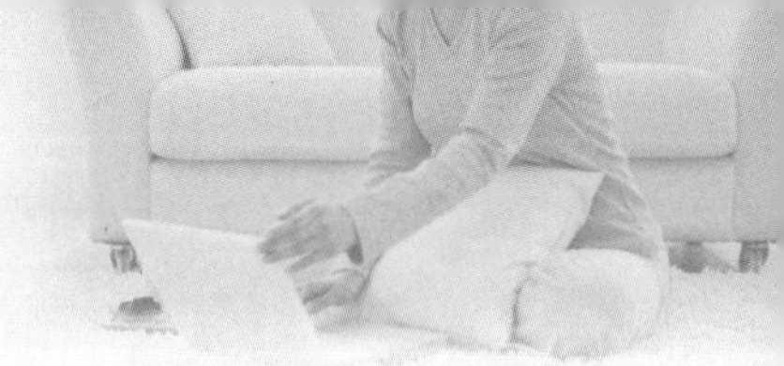

妝。所以乾燥美眉的遮瑕上妝及美容與充分地補水是密不可分的！

此外，由於乾燥美眉的皮膚已經非常乾了，在選擇化妝品時一定要避免選擇含鹼性的，而是多選擇溫和的補水類美膚產品，並適當的水蒸或按摩，以促進臉部的血液循環。

與乾燥美眉的護理方法截然相反的就是油光美眉。油光美眉最大的美膚難度就是「T」字部位反覆出油，因此一定要做好「T」字部位的控油、補水和防曬。

油光美眉還分為假性油光女和真性油光女，主要以年齡為界限，一般來說，小於30歲的油光美眉多為假性油光女，而大於30歲的油光美眉多為真性油光女。那麼，有什麼好方法能夠徹底幫助油光美眉一族改變出油的狀況呢？

很多女人認為自己的臉天天油光光的，肯定不缺水，於是只是一味的控油，結果效果不盡人意。其實油光美眉同樣要補水，補水是由內而外，而控油則是由外而內，只要雙管齊下，才能徹底將油光去光光。

此外，在補水、控油的同時，還要注意內調，即：養成良好的睡眠習慣、不吃太油膩辛辣的食物等，以確保內分泌系統正常有序地工作。在選擇洗面乳時也盡量選擇清潔效果強的洗面乳（露得清的洗面乳清潔效果很不錯，好且不貴，油光美眉可以買來試試），洗臉後應用溫毛巾敷臉，促使毛孔張開進而更有效的出油（熱敷後一定不要忘記在臉上拍些冷水，幫助毛孔收縮）。

無論妳是乾燥美眉還是油光美眉，只要找到適合自己的美膚方法和彩妝訣竅，都可以搖身一變，輕鬆成為美麗達人！

如何讓妳的眼睛看起來神采飛揚

想知道怎麼樣在生活中解析男人對妳的評價嗎？

如果一個男人對妳說「妳的眼睛真好看，像是會說話！」妳一定會很開心吧？但是別高興得太早，這樣說的男人通常有兩個意思，一個是妳的眼睛真的很美，讓人陶醉；而另一種則是他實在找不出妳有什麼地方令他感興趣，但礙於面子，又不得不說些什麼，於是就隨口說說妳的眼睛，讚美一下妳那「虛無」的眼神！

此時，我相信很多女生可能都會找來鏡子，仔細觀察自己的眼睛，看看自己到底屬於哪一種。

眼睛連著女人的內心，一雙明亮會說話的大眼睛無疑會成為擄獲男人最有力的法寶。但是現實生活中，不是每個女生都能夠擁有善良而迷人的大眼睛。但千萬不要因此而氣餒，妳那給人溫柔和善感覺的小眼睛，同樣是妳展示魅力的法寶。只要稍加

「裝飾」，妳一定能成為「閃亮」一族，讓「他」發自內心地讚美妳。

從現在開始，妳再也不用羨慕別的女孩擁有明眸、纖長睫毛。從最簡單的眼部妝容開始，從眼影、眼線和睫毛著手，透過這三點所搭配出來的不同顏色，創造出千變萬化的造型，讓妳的面容從此不再平淡無奇、沒有焦點，而是熠熠生輝、光彩照人。

如果妳正為沒有一雙亮麗迷人的眼睛而發愁的話，不妨趕緊來試試吧！

眼部彩妝與臉部彩妝一樣，都要選擇適合自己膚色的彩妝產品。尤其是眼影和睫毛膏的顏色。

選好眼影的顏色後，輕輕的塗在眼角後側，值得注意的是，寧可少量多塗，也不要一次塗太多的眼影粉，否則會有可能變成「熊貓眼」。

女生們通常都喜歡把睫毛膏著重塗在上睫毛，以增加睫毛的稠密度和長度，其實適量的塗下睫毛會使眼睛看起來更有立體感，此時還是要遵循少量多塗原則，避免成為「蒼蠅腿」一族。

喜歡亮色眼影的美眉，也可以在塗了配膚色的眼影後，在眉心下方塗一點點亮色眼影，這樣看起來既不俗氣，也非常的閃亮。

俗話說的好，「皇天不負苦心人」，只要妳肯花心思的去打扮，就一定能得償所願，擁有一雙美麗迷人的大眼睛。

攬鏡自照，鏡中的女人千嬌百媚，一個眼神一種心情，今天妳想做哪種女人？現在我就來讓愛美的妳，擁有一雙明亮的大眼睛吧！

給小眼睛女生一雙大眼睛：小眼睛的化妝目的就是讓眼睛看起來大而有神。

在眼影的選擇上多以亮色為主，這類顏色可以讓眼睛看起來非常地有神且給人爽朗的感覺。從眼線的1/2處開始塗深色的眼影，可以發揮拉長眼角的視覺效果。

給圓眼睛女生一雙修長、稜角分明的大眼睛：如果妳的眼睛又大又圓還好，那樣看上去很可愛，但是如果妳長了一雙小而圓的眼睛，那就要仔細「裝飾」了。妳可以在眼角部分塗上深色的眼影，這樣可以讓妳的眼睛在視覺上增加修長感。切忌，不要在眼部中間塗深色的眼影，那樣只會讓妳的眼睛看起來更加圓。

給金魚眼女生一雙神采飛揚的大眼睛：患有近視眼的美眉要是戴了隱形眼鏡還好，倘若像我一樣選擇戴眼鏡，那麼結果只有一個——長出金魚眼。可是愛美是每個女人的天性，應該怎樣對待金魚眼？

首先，有金魚眼的美眉一定不要用粉質的眼影，否則便會適得其反，讓眼睛看起來更鼓，而是應該選擇油質的、灰色系眼影，且只塗上薄薄的一層。最後用粉質眼影在眉毛下方加一點亮色，記住是一點哦！這樣就會讓妳的眼睛看起來不那麼鼓了。

還有些美眉問題不出在眼睛本身，而是出在兩眼之間的距離上，兩眼距離太遠會

給人一種妳有些笨笨的視覺假象，而兩眼距離太近又會給人一種尖酸刻薄的假象。

但只要稍加利用塗眼影的位置，便可將此類問題輕鬆解決了。一般兩眼距離較遠的美眉可在眼頭處塗上重色眼影，而兩眼距離較窄的美眉則需在兩眼中間處塗上重彩眼影，以增加視覺上的距離感。

好啦，說了這麼多，具體的實行就要看各位美眉自己啦！

要美貌先睡個好覺吧！

美麗的白領美女，妳是不是還在為工作還是休息而猶豫不決，不知道自己，究竟是要做一個女強人，還是要做一個「睡美人」呢？

其實，睡眠美容並不僅僅只侷限在時間上，還有很多方法可以幫助妳做個「睡美人」。當然，前提是妳至少得維持有6個小時的睡眠時間，喜歡夜生活的夜行族美眉，也要注意了，為了美麗，還是先把時間騰出來留給睡眠吧！

下面就得要求渴望美麗的美眉仔細學習下面的「功夫」，藉助「外力」來做個「睡美人」吧！

功夫第一招：馬步也要紮得穩——睡前的深層清潔

妳隨便問妳身邊姐妹，「妳們晚上洗臉嗎？」她們肯定都會毫不猶豫的告訴妳「那還用說！」可是事實上，大多數女生並沒有「真的」做到足夠的清潔，就是練功夫時，馬步紮得不穩，學什麼都緩慢或是達不到火候似的。臉部清潔也是如此，毛孔裡殘留著白天時的污垢，這樣即使妳用再多的面膜，睡再長時間的覺也是沒有用的，因此，做睡美人的第一步也是最關鍵的一步就是徹底清潔。

選擇一款適合自己的洗面乳，按照打圈的方式在妳可愛的臉上反覆輕輕揉搓，大約20秒後用清水沖掉，再塗一些深層清潔或是美白潤膚的爽膚水，這樣妳的臉才算洗乾淨了。只是塗上洗面乳揉搓幾下就沖掉，是發揮不了多大的清潔作用的。

功夫第二招：冬練三九，夏練三伏——找對「充電」的時間

妳經常在什麼時間敷面膜？出門前，還是晚上睡覺前？

很多女生都有在出門前敷個面膜的習慣，覺得這樣能夠讓自己的皮膚看起來更加水潤，而事實上，妳的皮膚並沒有領妳的情，它們依舊按照原來的樣子生活，妳在它們很飽的時候送去的「飯飯」（營養）它們通常只會放進「冰箱」冷凍起來，等想起來吃的時候，卻發現已經揮發掉了，完全沒有發揮多大作用。

而據美容學家計算發現晚上九點到十點這段時間是皮膚最餓的時候，也就是吸收營養物質最好的時間。妳在這個時間使用滋養型晚霜或是面膜會比平時使用的效果好至少5倍以上。

功夫第三招：由內而外，避免走火入魔——幫助肌膚排毒

很多美麗的OL們由於工作壓力大等原因常常十一、二點都還在工作，這個時候的人是非常疲倦的，感覺眼皮有氣無力的一張一合，無奈的OL們只能一杯一杯的添著咖啡，抽菸的OL們還得一根一根的點著菸來給自己提神。

她們不是不知道晚睡對美容不好，而是在沒有辦法早睡的情況下，選擇了繼續如此。晚睡已經影響了妳的皮膚的休息，妳還在深夜裡抽菸、喝咖啡，這樣便又加重了皮膚的負擔，不但不能幫助皮膚正常排毒，反而還在皮膚相對薄弱的時候，來「加害」它們，那結果就顯而易見了，過不了多久，年僅二十來歲的妳就已經不得不到媽媽級的隊伍裡報到了。

功夫第四招：勞逸結合練就好功夫——確保有至少五個小時在深度睡眠的狀態下

第四招是前三招的基礎，也是愛美女生在美膚道路上必須要掌握的招數之一，它萬變不離其宗，一切美麗的突破都從這裡開始，它就是讓妳變得美麗的摯愛法寶——深度睡眠！

其實，深度睡眠一點也不神秘，我們幾乎每天都會做這項美膚活動。只要睡眠時間超過數個小時的睡眠狀態就屬於深度睡眠。深度睡眠是皮膚排毒的好幫手，因為皮膚只有在妳熟睡的時候，才會悄悄地把一天累積下來的毒素排出來哦！

皮膚一般會在夜裡十一點到凌晨兩點這段時間「偷偷」出來排毒。因此，愛美的女生一定要保持這段時間處在熟睡狀態之中，如果妳真的有不得不加班的工作，也建議妳調好鬧鐘，十點先睡下，凌晨三點的時候再起來，這樣便不會影響妳的皮膚的正常排毒了！

保養品的使用也分先後

愛美的妳鍾愛哪個牌子的保養品？是喜好Bobbi Brown的可愛，還是Anna Sui繞著紫色藤條的性感；是熱衷於Lancome佳人系列還是萊雅煥膚系列。

可是妳是否真正用對了這些保養品，還是僅僅憑著個人感覺，隨意使用？妳購買的最初目的不過是為了進一步幫助妳實現美麗的願望，然而，妳卻無從得知，妳自以為是的使用方式卻成了阻礙這些保養品發揮其真正效用的元兇。

皮膚可是妳穿在外面的第一件「衣服」，如何裝飾這件衣服，切不可輕易草率。最好能夠耐心的讀一讀產品的使用說明，或是乾脆找一個美容專家諮詢一下，這樣妳心愛的「衣服」才能被裝飾得漂亮迷人。

準備好了嗎？現在就行動，來「裝飾」妳的皮膚吧！在裝飾之初，妳首先要弄懂哪些保養品容易被皮膚吸收，而哪些保養品在皮膚拒收範圍內。

水溶性的保養品就不怎麼受皮膚的喜愛，沒有辦法被皮膚所吸收和利用，現在愛美的妳是否恍然大悟，為什麼妳使用了那麼多保養品都毫無效果了吧！原因很可能就出在妳使用的保養品多半是屬於水溶性的緣故。與水溶性保養品正好相反，精油類、羊脂類的保養品則很容易被皮膚所吸收。

此外，妳在使用保養品之前，還要考慮到皮膚是否處在亢奮的狀態之中，一般皮膚水分飽滿時吸收營養物質的能力是皮膚處在乾燥狀態下的5倍以上，而皮膚溫度在36℃以上比溫度處在36℃以下吸收營養的能力也要高得多，通常上升1℃可增加10倍的吸收。愛美的美眉一定要把握好皮膚的這種狀態，適時的使用保養品。

因此，愛美的妳一定要重視保養品的使用方法，不可兒戲。只有護膚「得當」，才能讓保養品發揮出作用，有效地修復妳受損的皮膚，更好的展現出妳的美麗。

首先，我們來盤點一下女生日生活中最常用到的保養品：洗面乳、爽膚水（化妝水）、乳液、營養素（也可以是什麼美白蜜）、防曬霜或隔離霜，更細緻一點的女生還會用到眼霜、緊緻毛孔凝露等。

現在就按照妳的日常習慣來給它們分一下順序吧！然後與下面的正確順序比對一下，妳就知道妳日常的美膚工程錯在哪裡。不過假如妳想出來的順序與我們的答案一致的話，一定別忘了獎勵一下自己，因為妳已經是一個合格的美膚達人啦！

洗面乳↓爽膚水（化妝水）↓營養素↓眼霜↓緊緻毛孔類凝膠↓美白類（補水類）乳液↓面霜↓隔離霜或防曬霜。

當然，也會有很多女生產生質疑，不要著急，現在我就來為妳一一道來，為什麼要按照這個順序來使用美膚產品。

在選擇和使用美膚產品之前，妳要清楚知道妳的小臉蛋屬於哪一種膚質，是油性、中性、乾性還是敏感性？相信這一點對愛美的妳來說一定不是件難事，或許妳早就非常瞭解妳的皮膚屬於哪一種膚質了。

找對自己屬於哪類膚質後，妳就可以有目的地選擇保養品。保養品雖不是以價錢和品牌來評定好壞的，但是為了妳的美麗來得更加安全，還是最好到專櫃購買，在購買時還要耐心地查看產品說明書，以免一不小心掉入了那些「黑心人」的陷阱，為妳的美麗減分。

正確的使用保養品對渴望美麗的妳來說一定不是件難事，馬上行動吧！從今晚的美膚工程開始，讓妳的皮膚享受美膚的過程。

髮型魅力

妳現在是什麼髮型？是飄逸迷人的直髮？還是動感帥氣的短髮？是時尚潮流的bobo頭？還是風情萬種的捲髮……

妳喜歡哪一種類型的髮型？又是否滿意現在的髮型？看見大街小巷的姐妹們留著各異的髮式，張揚著不同的個性，散發著不同的氣質時，妳又是否抱怨自己的髮型不夠特別，或是與妳的臉型不夠搭配呢？

大街上，妳是否看到了這樣的女人，她的著裝美麗而優雅，面容精緻，身材姣好，眼神迷人而魅惑，卻頂著一頭稻草似的亂髮，或是留著與她氣質完全不搭的髮型。這種場景絕不僅僅只會在周星星的電影裡出現，愛美的女生們常常把所有的注意力都放在了服裝的搭配與美膚上，卻忽略了髮型的魅力。

為了避免做星爺電影裡讓人捧腹的「女明星」，廣大愛美女生一定要趕快行動，來為自己挑選一款既夢幻又搭配妳臉型的髮型吧！

在選擇髮型之前，我們要先找來一面鏡子，妳對著鏡子在臉上畫圈，用大拇指按住妳的鼻子，張開雙手，用食指沿著額頭順時針畫圈。如果妳發現妳的食指與拇指所畫的圈正好能裝滿妳的臉的話，那麼妳就是傳說中的圓臉型；而當妳的食指與拇指所畫圈不能全部裝滿妳的臉，且超出的大小相差不大時，就說明妳是鵝蛋臉；而當妳的下巴部分超出了食指和拇指的圈，而上額頭部分沒有超出時，則說明妳是瓜子臉。

大致判斷出妳屬於哪一種臉型以後，就要開始根據臉型選擇髮型了。在這三大類臉型中，瓜子臉屬於超讚的臉型，這類臉型的妳應該說是什麼髮型都好看，不過妳最好將頭髮留至下巴，在額頭處留點瀏海，這樣會讓妳的臉看上去更加精緻迷人。

如果妳是鵝蛋臉的話，也會比較搭髮型，最適合妳的髮型就是有些蓬鬆的馬尾辮，清純中不失動感，還夾雜著那麼一點點小野性。不過妳千萬不要將所有的瀏海都梳到額頭上去，而是應該留些瀏海在鬢角處和前額處，且長短適度。

最後我們來介紹圓臉型美

眉，假如妳是圓臉型女生的話，那麼也可以小開心一下，因為這類臉型往往會讓妳比實際年齡看起來年輕得多，不過假如妳是一個職場女強人的話，一定會苦惱自己顯得不夠成熟。這時妳不妨將髮型設計得稍微老成一點，最後將頭髮燙成中波浪，這樣看起來妳的臉就不會太大，且最好選擇中分，這樣可以發揮「拉長」的作用。生活中妳最忌諱的髮型就是齊瀏海，那會讓妳變成西瓜太郎。

現在的妳一定對自己的髮型有了一點新的認識，接下來，妳就要透過髮型來修飾妳的臉型了。髮型修飾臉型的方法主要有兩種：遮掩法和襯托法。

利用頭髮來掩飾妳臉型中的缺陷，這便是遮掩法。假如妳最近經常熬夜，而導致頭上痘痘「氾濫」，此時妳便可以選擇齊瀏海的髮型進行遮掩（前提是妳不是圓臉型美眉哦，如果是圓臉型美眉的話一定要選擇較長的斜瀏海哦）。

襯托法在日常生活中被廣泛使用，美眉們常常會在前額頭或是鬢角處留出頭髮，用來分散原來太過胖或是瘦的視覺，如果妳覺得自己的側臉有些嬰兒肥，那麼就可以將鬢角留得稍長一些，斜斜的貼在側臉上，就會讓妳的臉在視覺上顯得更加的嬌小。

用「眉」詮釋妳的美

妳的眉毛長得好看嗎？妳有像關心臉上的皮膚那樣關心過妳的眉毛嗎？攬鏡自

照，妳的眉毛是乾淨整齊？還是有些凌亂呢？事實上，除非妳的眉毛長得足夠標準，否則都需要或多或少的「裝飾」。

相信看過古天樂版的《河東獅吼》的人一定還會對電影中那個只出了一次鏡，兩個眉毛又濃又粗且完全連在一起的一字眉丫鬟記憶猶新吧！她幾乎沒有什麼臺詞，卻足以令人捧腹大笑，她的笑點就來自她那又濃又粗的一字眉。

日常生活中，雖然很少有人會這麼誇張，不過為了避免成為笑點，妳一定要多拿出點時間和精力用來修飾妳的眉毛，讓它成為妳臉上美麗的風景，而不是搞笑的焦點。

這時很多女生便會問了，妳說了這麼多，什麼樣的眉型才是標準眉型呢？有沒有什麼評判標準呢？當然有啊！妳現在可以對著鏡子照一下，假如妳的眉毛的眉頭在鼻翼與內眼角的延長線上，眉梢則在鼻翼與外眼角連線的延長線上，眉頭與眉梢在同一水平線上，那麼，妳的眉型就屬於標準眉型，如果眉頭或是眉梢等稍有偏差，就說明妳的眉毛還有待修飾。

此外，妳還會發現眉頭長在鼻翼與內眼角的延長線內的人，則會給人陰險的感覺；而長在延長線外的人又會顯得一臉愚昧。

不僅如此，妳還可以從眉峰的位置上看出一個人的個性特點，比如端正且長得很

柔和眉毛的人，往往給人一種穩重、值得信賴的感覺；而眉峰過高，弧度較明顯的人，常常會給人一種精明、工於心計的感覺；而眉峰過低，眉毛基本成直線的人，則通常無法得到他人第一眼的信任。

現在，愛美的妳該知道眉毛在臉上的作用，清楚地意識到擁有一對標準、漂亮的眉毛的重要性了吧?!

假如妳的眉毛生得並不是很標準，也無需擔心，只要簡單的上妝畫眉妳就能輕鬆擁有美眉。

眉毛長在臉上，想畫好眉毛，自然要先找出妳的眉毛與臉型之間的關係。

如果妳是顴骨較高，下巴較窄小的菱形臉美女，妳在畫眉的時候為了減少臉部突出感，就應該避免將眉毛朝下，最好平順地往兩邊梳理，適合妳的眉型應該是凸顯眉頭的水平眉。

如果妳是長臉型美女的話，適合妳的最佳眉型依舊是水平眉。因為，水平眉會讓妳的臉型看起來更加柔和，在視覺效果上發揮收縮的作用。長臉型的妳最忌諱上揚的眉型，這種眉型會讓妳的臉看起來更長。

如果妳是圓潤可愛的圓臉型美女，最適合妳的眉型就是上揚的眉型，這種眉型會讓妳的臉看起來瘦長些，增加美感。妳在畫眉的時候，千萬不要嘗試去畫水平眉，因為水平眉會切斷臉的縱面感，讓妳的臉看起來更圓。

如果妳是稜角比較突出的國字型臉美女，那妳在畫眉的時候一定要盡量將眉毛的弧度畫得圓潤、平緩一下，進而舒緩妳的臉型帶給人的硬朗感覺。

此外，為了擁有美麗的眉型，妳還要養成定期修眉毛的習慣，用專用的眉刀或者眉夾都可以，不過要是妳用眉刷就能將眉毛打理的「服服貼貼」的話，就盡量不要用眉刀和眉夾了。

如果妳覺得自己的眉毛有些凌亂，可以將多餘的眉毛刮掉，或是用眉毛夾一根根的拔掉，切忌不要拔掉眼角一側的眉毛，否則會導致整個眉毛的粗細完全一樣，讓妳看起來像個怪胎。

眉毛的顏色同樣很重要，身為亞洲人的妳，應該盡量避免選擇厚重的黑色或是偏黃的色調，以免讓妳的眉毛看起來太厚或顯得膚色更黃。一般來說，棕黑色和淺咖啡色是畫眉時的首選，咖啡色系的眉會使妳的整個妝容顯得更加自然、真切。

畫眉時妳應從眉頭開始，按照眉毛生長的順序，傾斜著向上方描畫，每次下筆要輕。當畫到眉峰處時，一定要掌握好力度，保持眉峰的圓潤度。

畫好眉毛之後，再用眉刷將畫好的眉毛，按照描畫的方向，輕輕地刷一遍，讓眉毛看起來更加整齊、自然。

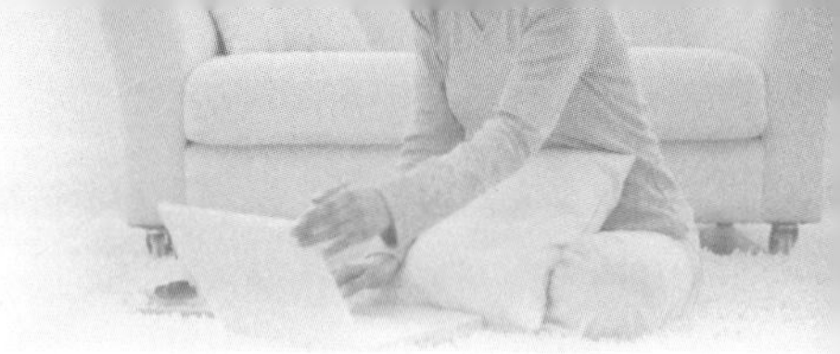

怎樣讓妳的鼻子成為美麗的焦點？

我的一個朋友最近常常為一件事情而煩惱——鼻子。

她總是覺得自己的鼻子長得不夠好看，鼻翼過於肥大，顯得整個臉很醜，還整天嚷著要去做整型手術。

我仔細打量過她的鼻子，鼻翼的確有些大，不過並不像她想的那麼嚴重，也完全沒有去做整型手術的必要，只需要正確地給鼻子上些淡妝即可。

妳是不是也有著像我那位朋友一樣的煩惱呢？總是覺得自己的鼻子長得不夠完美，不是塌了點，就是大了點，總覺得沒有人家的鼻子長得精緻。看著大街上來來往往的美女，看著她們臉上那高挺而精緻的鼻子，妳是不是只有氣得跺腳的份？

其實，生活中，那些漂亮的美女的鼻子不一定都長得非常標準，有一些其實還不如妳的好，但是她們的鼻子之所以看上去高挺好看，多半是因為她們在鼻子上做了「手腳」啦！

假如妳是鼻翼過於肥大的大鼻子女生，妳在鼻子上「動手腳」的重點就是暗影，妳可以選用深於膚色兩個度以上的深色鼻影，從鼻根部開始逐步塗至鼻翼處，並選用稍淺於膚色的鼻影塗在鼻尖處，發揮提亮、反襯的作用。深色的鼻影在視覺上具有收縮的作用，能夠使妳的鼻子看上去縮小不少。在鼻樑和鼻尖上塗上淺於膚色的亮色鼻影，寬度適中，這樣可以使妳的鼻子看起來更加的挺拔，且不會讓妳的鼻頭看起來太大。

假如妳是沒有什麼突出感的小鼻子女生，妳可以選用淺於膚色的亮色眼影粉，輕輕地塗在鼻尖和鼻翼處，使鼻尖和鼻翼連成一體，給人飽滿的感覺。妳在選亮影的時候，盡量選擇白色和黃色的眼影粉，上妝時只要在鼻樑上稍帶著輕輕塗上一層即可，千萬不要貪多將鼻樑塗得太寬太亮，那樣會使妳的鼻翼看上去更小。

假如妳是鼻長超過臉部 1/3 長度的「大象鼻」女生，妳在鼻子上「動手腳」的重點就是側面亮影。妳可以將眼影粉打在鼻子的側面，由外向內眼角輕輕塗一層，但不要畫在鼻翼處，選擇較淡的白色或黃色眼影粉。此外，妳也可以透過降低眉頭的高度來反襯鼻子的高度，眉頭偏低，鼻根也會相對變低些。

假如妳是鼻長較短的短鼻子女生，妳在鼻子上「動手腳」的重點和「大象鼻」女生修飾鼻子的畫法一樣，都是從鼻子的側面塗上較深的眼影粉，不同的是，這次應由下向上塗眼影粉，從鼻翼處一直塗到眉間處，並在鼻翼上薄薄地塗上一層，以發揮增加鼻子視覺長度的作用。

如果妳想讓妳的鼻子顯得更加長的話，也可以在鼻樑處塗上一窄條亮色，另外，在畫眉時，也可以將眉頭畫得稍微高些，這樣鼻根也會相對高些，使鼻子看上去更

長。

最後寫給臉部沒有較明顯的突出點的塌鼻樑的女生，改變這種鼻形最關鍵的一步就是——陰影反襯。

首先，妳要在臉部塗上薄薄一層粉底液，並在鼻樑兩側打上一層深色眼影粉，如棕紅色、紫褐色的眼影粉。將深色眼影粉一直塗到眉頭處，並與上端的眼影混合。從鼻根處開始到眉頭之間的這部分距離應該選用深棕色的眼影，然後在鼻樑上塗一道亮色眼影粉，與深色的鼻側影形成對比，這樣妳原本塌陷的鼻樑就立刻凸顯出來了。

其實，鼻子的修飾方法主要是在鼻子兩側塗上較深的眼影粉，或在鼻樑上塗些淺色的眼影粉提亮。妳在給鼻子上妝時製造出來的陰影面積的大小，與眉頭之間的距離都會使鼻型、臉型發生相對的變化，進而發揮出改變鼻子在臉部視覺位置的作用。

嘴唇也性感

妳希望妳的一顰一笑都能成為別人眼中的焦點嗎？妳希望妳的嘴唇能在不經意間流露出妳獨特的個人氣質嗎？如果妳沒有火辣的身材，卻依然嚮往性感的美麗，那麼，千萬不要忽視對嘴唇的修飾。良好的唇形不但能夠更完美詮釋出妳的美麗，還能襯托出妳與眾不同的氣質。

如果妳也羨慕茱莉亞．羅勃茲的性感；嚮往蘇菲．瑪索的恬淡，那麼趕快行動吧！除非妳的美唇生得無懈可擊，稜角分明、薄厚適度、唇線分明。不然都需要妳細心的修飾。

愛美的妳是否知道唇部妝容在整個臉部化妝中的重要性。妳是不是也在為自己的嘴唇形狀不佳、薄厚不均或者稜角不分明而感到苦惱，如果妳的答案是：YES。那麼，妳便急需透過化妝來改變唇形。

對擁有小而薄的唇的妳來說，可透過擴展輪廓線來發揮修形的作用，一般主要是擴展下唇線，下唇顏色應稍濃於上唇的顏色。唇部中心的顏色則要亮而淺。這樣會使妳的整個嘴唇看起來圓潤而豐滿。

對擁有厚而大的唇的妳來說，則應選擇較淺的顏色描畫嘴唇的輪廓，輪廓線要描的小些，並在描完唇線後塗上薄薄一層粉底加以掩蓋。此外，妳對唇彩顏色的選擇也要非常講究，應選擇與唇色相近的自然色，如棕色，淺褐色。切不可選擇那些過於張揚的、有膨脹感的顏色，否則只會增加妳嘴唇的腫脹感。

對唇峰過於平緩的妳而言，最重要的一個步驟就是確定唇峰的位置。標準的唇峰應該在鼻尖的正下方，妳可以按照這個標準畫出一個唇峰的位置，並在塗抹唇彩時，

塗得稍微厚重些即可。

如果妳正在為下唇過厚而煩惱，那麼，妳完全可以按照深色收縮的原理，在下唇塗抹上顏色比較深的唇彩，使人忽略下唇的厚度，突出上唇的質感。但如果妳的嘴唇很小，妳就得將唇部的輪廓線畫得稍長些，再塗上比較濃的唇彩，這樣妳的唇形看起來才會協調。

嘴角下垂的悲情版嘴唇，這類唇形常常給人沈重感、暮氣感，假如妳不幸運地恰好長了這樣的嘴唇，也不要氣餒。妳可以透過調整唇峰的位置來提升下垂的嘴角。與此同時，妳還應該把下唇的輪廓線畫得明顯些，以期來掩飾嘴角的鬆弛感。上唇彩時，應該要下唇淡些，上唇濃些。

妳要知道每個女人都能夠擁有亮麗迷人的完美嘴唇，並且也要深信不疑妳就是下一個美唇美眉。因此，妳怎麼能不知道如何選擇適合自己的唇彩，不會描唇呢？

妳是否在選擇唇彩時，也像很多美眉一樣感到「無所適從」，盲目跟流行呢？常常是這個月流行什麼顏色妳就購買什麼顏色，但上唇後的效果卻常常令妳失望。

選擇唇彩要因人而異，不同的膚色搭配不同顏色的唇彩。

皮膚白皙的妳通常可以使用任何一種顏色的唇彩，不過還是建議最好購買顏色較亮的透明唇彩，這類唇彩能夠溫柔地詮釋妳的美麗，不會太過張揚或是過於搶眼；如果妳屬於黑色系美眉則比較適合亮度較低的顏色，如暗紅色、棕紅色等；身為黃色系美眉的妳，應盡量避免購買黃色系的唇彩，否則會顯得妳的膚色更黃。比較適合妳的唇彩顏色應該是紅色系或粉紅色系的唇彩，這樣不僅可以增加口唇的亮度還能提升臉部的明亮度。

選好適合自己的唇彩顏色後，接下來妳就要為嘴唇進行打底了，首先妳要將粉底液均勻塗抹在唇的四周和下巴處，遮蓋住唇部周圍的變色部位。再在唇上輕輕地撲一層薄粉，為了避免唇彩滲色，妳可以嘗試使用珠光唇部固色劑，這種固色劑可以使妳的唇部色彩看起來更加的自然真實，且保持性強。

描唇是唇部妝容中最基礎的一個步驟，描唇時妳可以選用一種或多種顏色漸進的塗抹在唇部。沒有專業多頭描唇筆時，也可用中指快速地在唇上淡淡地著色，輕微的滲色和參差不齊反而會讓妳的嘴唇看起來更加自然。

唇部保養是近些年新興的一類皮膚護理之一，也是忙碌的妳最容易忽略的美膚之一。其實，和臉部美容一樣，唇部美容也是至關重要的。除了每週定期去角質外，妳還應養成潔膚後塗抹保濕護唇膏的習慣。

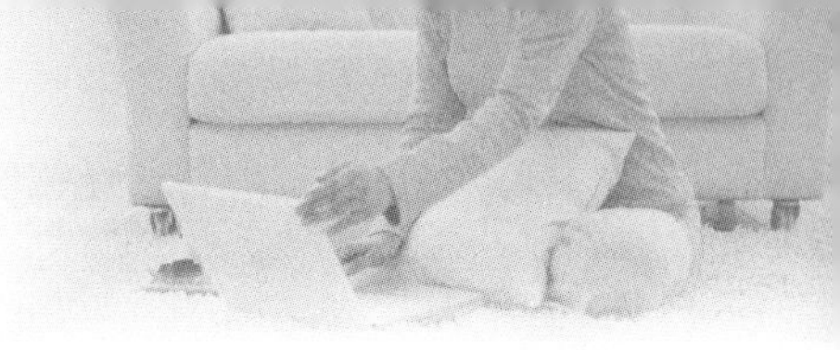

全天候的補水攻略

夏季到了，妳該如何補水呢？

皮膚乾燥的妳是否懼怕炎熱的夏天呢？

妳是否發現無論出門之前塗了多少補水產品，才站到太陽下沒多久，便開始出現乾紋和脫皮的現象？

其實，補水有很多種，塗抹補水產品只是其中的一種，但是是否能夠發揮作用，就要看妳使用的是否得當了。此外，到了夏天，不僅乾燥膚質需要補水，中性和油性膚質的女生同樣需要即時的給肌膚補充水分。

接下來就讓我來告訴妳如何有效補水，做個陽光下的亮麗女生吧！

敏感膚質的妳，夏季如何補水？敏感型肌膚的妳是否總是對夏季的保濕工作感到束手無策，不知道該怎樣順利度過夏天。

由於妳的皮膚較為敏感，對美膚類的產品相當挑剔，妳在選擇補水產品時應盡量購買較為溫和的植物性補水產品，且最好不要經常更換補水產品，以減輕皮膚的敏感度。

當妳的肌膚在太陽的照射下稍感不適時，應該馬上將植物類清爽型噴霧噴於臉上，並輕輕拍打，確保水分被肌膚全部吸收。

此外，妳還可以購買一些知名品牌生產的抗敏霜，以此來達到夏季鎖水的目的。

如果妳是乾燥性膚質，那麼夏季絕對是妳最大的天敵。一到夏季，妳的皮膚又缺水又缺油。總是感覺皮膚緊巴巴的，「旱」的不行，在戶外待久了還會出現皮屑，甚至過敏，起小紅疹子，一笑的時候，還會在眼部和嘴部生出很多小乾紋，著實讓妳煩惱不已。

此時，妳可以定期使用一些深層補水的產品，在嫩化角質的同時打開細胞間隙，使肌膚充分的吸收補水產品中的水分。但是一定要注意使用的頻率不宜過密，通常每三天一個週期就可以了。平常潔膚的時候妳也應塗些含有透明質地的植物精華的保濕補水精華露，過不了多久，妳就會發現原來總是出現在臉上的小乾紋不見了。最後，妳還可以在夜間休息前塗抹一些油性的滋養產品，但不應過於油膩，還是以水溶性為主，避免給皮膚增加油脂負擔。

假如妳是油性皮膚，妳可能會覺得自己可能是最不缺水的一個，因為一到夏天她們常常是「油光滿面」，但千萬別高興地太早，這種出油現象其實就是肌膚缺水的一種表現，尤其是T字部位最為明顯，此類膚質的女生毛孔一般也較粗大，且容易長痘痘。

與乾性膚質的女生一樣，油性膚質的妳也應定期使用一些深層補水產品，通常每

兩天為一個使用週期。此外，潔膚對於妳來說尤為重要，如果清除不徹底很可能會導致毛孔阻塞，夏天到了，妳最好選用清爽補水、不含油脂的低泡沫洗面乳。一般水性強的控油乳液、保濕凝露、礦泉類的化妝水都比較適合妳。此外，妳也可以購買一些含有茶樹油的美膚產品，因為茶樹油可以去除肌膚表面多餘油脂，發揮調理肌膚的水油平衡的作用。最重要的是茶樹油還有消炎、抗菌，治療痘痘暗瘡的功效。

如果妳是中性皮膚的話，到了夏天妳可以偷笑一下了，因為妳幸運地擁有了皮膚類型中最好的一種膚質，妳的皮膚不乾不油，剛剛好，但假如妳不細心保養，總是大咧咧的對待它的話，妳一樣會出現偏乾或偏油的現象。

中性皮膚的妳可以使用的美膚產品範圍很廣，但最好選擇PH值與皮膚接近的美膚產品，平時缺水時只需要適量的噴些礦泉噴霧即可，晚上也不要塗抹太多的滋養晚霜，以免過量的油脂導致臉上青春痘的出現。

對了，在這裡向所有膚質類型的愛美女生提一個小建議，就是妳們最好都隨身攜帶一瓶專業的礦泉補水噴霧劑，以便隨時隨地的給肌膚補水。

做足了臉部補水的工作後，妳還要確保每日飲用至少2500ml的弱鹼性水，以確保妳身體的正常所需。不要長時間飲用純淨水，因為純淨水的PH呈酸性，不利於身體的保健，對美膚無利。

都市白領美女化妝技法全攻略

一個無懈可擊的office妝容，並不佔用妳太多的時間，只要妳掌握一些相對實用的小技巧，化妝對愛美的妳來說就變得輕而易舉了。

但是，對每天朝九晚五的ＯＬ，對每天打拼在商圈漩渦裡的女性boss來說，絕大多數都是對化妝有心無時間，或急匆匆地在車裡搞定，或離家前旋風般的弄好，對化妝沒有一個具體的認識。

其實，化妝對身為ＯＬ的妳來說尤為重要，花些心思在妝容上，不僅可以塑造出一個完美的形象，還會給妳帶來更多的自信和好心情，可以助妳更好的完成每日八小時的工作，甚至還幫妳可以博取上司及同事的好感與信任——這麼容光煥發的妳，在工作上一定也是相當的出色。

下面教妳簡單五步打造office妝容的方法：

步驟1 選擇一款相對貼合膚色的粉底，然後薄薄的打上一層定妝粉，雙手搓熱輕輕按壓，這樣做是為了使妳的妝容更加的貼合，持久性更長。

步驟2 眉色的選擇，因為ＯＬ在職場上應以幹練的一面示人，不宜太過張揚和誇張，因此建議選擇棕色的眉筆，在眉毛間隙較大的地方細細描畫，切勿過分強調眉峰，職場女性以自然妝容為目的。

步驟3 根據皮膚的顏色來定，一般建議選用淡紫色的眼影，輕輕地刷在眼皮上方，給人柔和、穩重的印象。

步驟4 在睫毛的根部輕輕畫出黑色的眼線，外眼角不要也可以，自然就好，畫好眼線後，再選擇咖啡色系的眼影輕輕地覆蓋在淡紫色眼影的上面。

步驟5 最好選擇通明的唇彩，淡淡的覆蓋一層即可。

值得注意的是，白領職場妝容一般為淡妝，而淡妝的重點就是粉底一定要打的很薄很透，乳液狀粉底是淡妝最佳的選擇，切不可塗完一層又一層，像是刷水泥一樣。此外，選擇適合妳膚色和膚質的粉底尤為重要，如果妳的皮膚光潔沒有痘疤，則可選擇少量乳液狀粉底液用手指均勻塗抹全臉。如果妳的皮膚略帶瑕疵，可先選用一些質地輕薄的遮瑕筆，在疤痕處輕輕地覆蓋，再將粉底液用指腹或海綿撲均勻的塗滿全臉。粉底之後用粉撲沾少量蜜粉輕輕揉開，此時，妳可將雙手搓熱輕輕地按壓，以便於皮膚更好的吸收粉底，達到自然、貼合的效果。

職場淡妝彩妝的根本原則之一，就是既符合周圍環境的審美要求，既在職場江湖裡為妳保駕護航，又可以凸顯妳的個性之美。

妳會卸妝嗎？

妳每天都怎麼卸妝？是選用專業的卸妝水，還是僅僅用洗面乳洗一洗就大功告成？

妳經常抱怨為什麼他人的皮膚光鮮亮麗，而妳卻成天頂著一對熊貓眼嗎？每天早上起來都感覺臉油膩膩的，一照鏡子常常被自己嚇得半死，只能拼命地撲粉底。

渴望美的妳，有沒有想過，是什麼導致妳的皮膚如此「壞情緒」呢？其實，多半是妳的「小氣」造成的。妳常常會花一兩個小時用於打造一個自認為完美的妝容，卻吝嗇多拿出一點時間用於卸妝。常常一回到家，就草草地清潔一下就算了。有時眼線的顏色還掛在臉上，久而久之自然會在眼部形成了色素沈積，導致色素性的熊貓眼。

千萬不要覺得無所謂，熊貓眼妳尚可以把它當作新式煙燻妝來安慰自己，可是那一天累積下來的細菌卻著實會讓妳的皮膚吃不消，如空氣污染、紫外線、塵埃、污物等。因此，愛美的妳無論化

的是濃妝還是淡妝，甚至不化妝，妳都要在回家後進行卸妝的工作。

夏天到了，妳的大部分皮膚都會裸露在外面，皮膚是保護妳的「天然屏障」，它對維護妳的身體平衡做出巨大的貢獻。妳知道皮膚表面布滿了多少個汗腺和皮質腺嗎？多達200～500萬個，這些密密麻麻的汗孔就是皮膚呼吸的「窗口」，它們在妳的肌膚吐故納新，將體內產生熱量的90％散發出去。想想看，要是這些毛孔都堵死了，妳不被憋死也得被熱死！

想要擁有美膚的妳，就一定得確保皮膚的正常呼吸、排泄和分泌。如果妳有化濃妝的習慣，天天用化妝品把汗毛孔覆蓋得嚴嚴實實，汗腺和皮脂腺這些「窗口」會被堵得密不透風，汗腺無法排出汗液，皮脂腺難以分泌皮脂，長此下去，皮膚連喘口氣的機會都沒有了，它們能有好心情？又怎能不長疙瘩生痤瘡呢？

因此，做好卸妝對愛美的妳來說非常重要，千萬不要吝嗇卸妝品的使用量。買了名牌卸妝品，卻捨不得多用一點，那妳還是趁早改用平價卸妝乳。如果因為節省份量而無法做到徹底清潔，影響到肌膚的健康，豈不因小失大？

妳在卸妝時不要按摩皮膚，免得將好不容易浮出的化妝品，又被塞回毛細孔中。如果真的想按摩肌膚的話，也必須要在做完所有的卸妝程序後再進行。

堅持下去，久而久之，當妳早起對鏡梳妝時，妳會為鏡子中出現的美女感到驚訝！

lesson 2

搭配，塑造完美感覺

休閒混搭，穿出潮流味

妳還在一成不變的按照傳統的方式搭配衣服嗎？看到大街小巷的漂亮美女時，妳是嚮往還是嫉妒呢？如果妳不能接受對比的混搭，卻依舊想做個打破常規的「壞」女孩，為什麼不試一下同樣潮流的休閒混搭呢？

帽衫、緊身衣、褲衫還有運動迷你裙……運動意味著擺脫羈絆，運動單品最適合混搭。

如果妳覺得僅僅是運動衫的混搭比較侷限的話，也可以嘗試一下款式化混搭和色彩化混搭風格。

款式化混搭顧名思義就是不同款式、不同風格的搭配，如：長與短、寬鬆與緊身、輕薄與厚重、不同材質、不同風格的對比，可以是T恤和熱褲的搭配，也可以是韓版小西裝和合身牛仔褲與休閒鞋搭配……等等。總之，即是運用服裝不同風格穿出新的感覺。

色彩化混搭與對比混搭不同，它一般不會帶來強烈的視覺衝擊感，如：淺與深、亮與暗、混色與單色，混色與混色，愛美的妳在夏天應盡量選亮色系搭配。這裡我們主要介紹的是款式和色彩的綜合化搭配法。總之，就是將死板的衣服穿出新潮的感覺就對了。

如果以上這些混搭尚不能滿足「貪心」的妳的話，妳也可以選擇雙重混搭法，即服飾款式與色彩混搭在一起，相信這種綜合了款式化與色彩化混配特點的混搭一定會讓眼前一亮的。

下面就讓我給妳打造幾套潮流混搭行頭吧！

符合潮人美眉的風格混搭：如果妳是這類的美眉，妳可以選擇一件得體的小皮衣配上荷葉褶皺絲織衫再套上一條合身牛仔褲，這種裝扮絕對會令妳成為一個 COOL味十足的性感女郎。

嚮往知性淑女的復古英倫風格：喜歡走淑女路線的妳，此時也有了新的選擇，妳可以選擇一件濃烈的褶皺裙，在上面搭一件純白色印花T恤和一件直條橫古藍色針織開衫，一定會讓妳散發出無比優雅古典的淑女氣質。（插入圖片04）

喜歡可愛的甜美風格：如果妳是個超級卡哇伊的美女，那麼妳可以選擇一件超大號卡通T恤，在下面配上一條粉色束腿絲襪，讓自己做個可愛又迷人的小妖精吧！

職業休閒風格：身為ＯＬ的妳，跟著潮流主義，卻也不得不在工作裝面前低頭，此時的妳可以選擇一件淺色的休閒小西服，在裡面穿一件圓領緊身Ｔ恤，下身搭上一條荷葉泡泡裙和一條七分束腿褲，這樣的搭法可以說是將韓流中的混搭風發揮到極致，既簡約大方，又不失正統。

不知道妳在逛街的時候有沒有注意到，今夏非常流行蝙蝠衫與小短褲的搭配。寬寬鬆鬆的蝙蝠衫，大大的字母，讓妳的個性凸顯。隨意搭配上一條淺色系的迷你短褲，涼爽而別緻。如果再配上一個大大的包包即刻讓妳的美麗升級。

此外，具有女人風的長版雪紡紗依然是愛美美眉們的首選。給人大方舒適感覺的雪紡紗輕鬆的舒展開來，為妳在炎熱的夏天，帶來了一抹清新與隨意。搭配上一條淺色的牛仔短褲或是短裙，一定能夠讓妳在美女如潮的廣場一下子與眾不同起來，最後再配上一雙同樣女性味十足的羅馬涼鞋，讓妳瞬間成為全場的焦點！

喜歡中性打扮的妳，多層混搭依舊是妳不敗的選擇。個性十足的短Ｔ套上一件長版吊帶褲再配上寬鬆的襯衫，就能夠讓妳的中性裝扮即刻閃亮起來。

去戶外的時候，再配上一個大大的淺色太陽眼鏡，不僅能夠保護眼睛，還能夠為妳的裝扮增色。

簡單路線是永遠不敗的話題。如果妳太喜歡簡約的風格，那麼不妨選擇一件長版

針織衫再配上一條糖果色的迷你短裙，在讓妳享受混搭的隨意輕鬆的同時，讓妳輕鬆成為別人眼中的焦點。妳也可以在長版針織衫裡面加一件有荷葉邊設計的短T，配上個性的吊墜、手環，讓妳怎麼看怎麼靚。

在妳年輕的時候，多親近迷你裙

妳喜歡迷你裙嗎？妳羨慕穿迷你裙的女生嗎？妳是不敢穿迷你裙的保守派嗎？還是妳覺得自己腿部曲線不夠完美、纖長呢？

年輕愛美的妳，千萬不要再猶豫了，今夏就行動吧！挑選一款適合妳的迷你裙，大膽的秀出妳的美腿，亮出妳的自信吧！

如果妳對於迷你裙的尺度尚有顧慮，那麼妳可以選擇膝上5公分的「修正版」迷你裙，勢必會受到想緊跟潮流又受自身或外界條件限制的妳喜愛，不過既然比「完美尺度」的膝上15公分足足長出了10公分，性感的美態自然也會大打折扣，但比起妳現在穿的及膝裙便不知道是「IN」了多少倍啦！而且此款迷你裙非常適合OL們穿著，既時髦又不失正統。

時尚永遠是螺旋上升的，從各大潮流雜誌中妳就不難發現膝上15公分，無疑就是今夏最正點的尺度。如果妳想最大限度秀出美腿，做一個「意態撩人」的美女的話，膝上15公分的迷你裙絕對是妳的首選。想想看，美麗的妳穿著漂亮的迷你裙，行走時又剛好在欲走光卻不走光之間，怎麼不讓人為妳瘋狂呢？

不過，假如妳不願絲毫浪費妳那無瑕的美腿，超短長度便是妳不能錯過的選擇。妳看今年最流行的日本雜誌，眾模特兒均穿的是短到膝上30公分的超級迷你裙，真是讓男人也愛上買雜誌啊！

今夏，愛美的妳在選擇一條迷你裙的同時搭配一款長靴，一定會讓妳的女人味更加特別；但一定要選擇上衣的顏色，隨著天氣逐漸變熱，也要注意穿雙略微短一點的靴子，可愛與性感看妳想要哪個了。

如果妳害怕迷你裙破壞了妳一向的淑女風，也可以在迷你裙加上一條簡單背帶，選擇一款寬鬆的傳統T恤，讓上下形成對比打造出層次感，使整體質感軟硬適中，營造出屬於妳的知性美。

當然，迷你裙最佳搭配物件是簡單的T恤，讓妳看上去更加可愛動人，在這個炎熱的夏天，更是增添了一抹清新的感覺。

常坐辦公室的妳，也可以在迷你裙上混搭一件無袖緊身衣，一樣可以穿出OL風格，乾淨俐落的出現在辦公室裡，旁邊的女同事可只有羨慕的份了。夏天馬上就要開

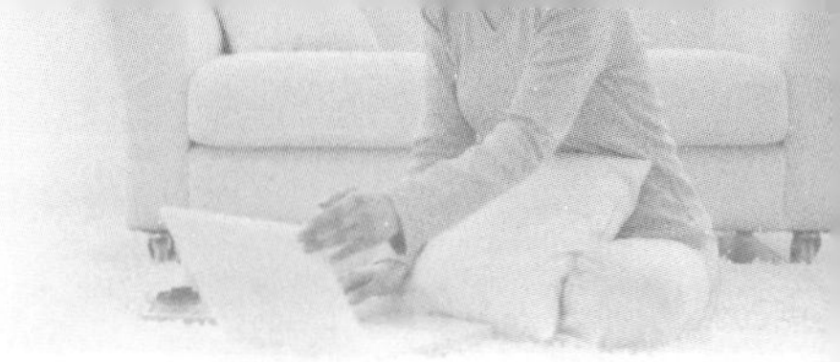

始了，不妨趁早為自己挑選一款漂亮的迷你裙吧！

如何將絲襪穿得與眾不同

漂亮女孩，妳鍾愛迷你裙嗎？妳是熱褲的粉絲嗎？可是妳還在光著腿搭配這些性感衣服嗎？妳找到它們的初衷不過是為了盡可能地「炫耀」妳的美麗，讓妳的美麗「顛倒」世俗的紅塵，怎能允許有一點點的不完美，除非妳的雙腿像陶瓷一樣精緻毫無瑕疵，否則來配一條細密、斑斕的絲襪吧！讓它修飾出來的雙腿成為妳引人注目的焦點，讓它成為妳性感或可愛的起點，這會比經典的Chanel NO.5的香味還打動人，妳穿著和服裝絕配的絲襪站在那裡，人們就知道什麼才是魅力女人。

還等什麼呢？還不趕快來為自己挑選一款適合的絲襪，做一個有品味的絲襪美女！

不同的場合，搭配不同的絲襪。對上班族來說，絲襪所表現出來的應該沈穩和歷練，因此應該選擇顏色較深的絲襪，如：紫色、灰色等。

去夜店、逛街或是朋友聚會時，絲襪所表現出來的則是個性和輕鬆的狀態。這個時候，愛美的女生便可以放開想像去選擇妳們喜愛的顏色，如：水綠、檸檬黃、粉紅色、天藍色、明橙色等。

選擇好了適合自己場合的顏色後，就該看上半身的效果了。此時，女生們便要根據自己的身材來進一步合理的篩選絲襪的顏色。

如果妳是身材偏胖的可愛型美眉的話，選擇具有收縮作用的冷色調絲襪會讓妳的腿部看起來更加的纖細，如：深藍、酒紅、紫、黑、咖啡色等。

如果妳是偏瘦的骨瘦型美眉的話，選擇具有膨脹效果的暖色調可以讓妳的腿部看起來更加豐盈一些，如：純白、橙、天藍、水綠、紅色或是透明感很強的珠光絲襪。

選好上身的色彩之後，女生們便要開始搭配了，妳可以專門選擇合適的衣服搭配絲襪，也可以讓絲襪來搭配已經選好的衣服。

前一種可能要在搭配時更換掉不適合絲襪的衣服，後一種可能要更換掉不合適衣服的絲襪。總之，

兩者選擇其一，畢竟社會還沒有開放到讓女人只穿一雙絲襪就上街的程度。所以，絲襪能否襯托出女人的美，關鍵就在於女人能否將絲襪與衣服正確的搭配在一起。

糖果色是近幾年的新銳流行元素，而糖果色絲襪就是這類流行元素的衍生產品，看上去五彩繽紛的絲襪，其實搭配衣服的功力是很強的。

下面就簡單給喜歡穿絲襪的美眉介紹一下絲襪色彩速配法則。

糖果色絲襪的搭配最忌諱顏色過於混亂，眾所周知，混搭是一種新的著裝時尚，可是很多女生卻誤解了混搭的概念，誤以為混搭就是隨便找來幾種顏色搭配，其實，混搭本來應指不同風格、不同質地服裝的交叉搭配，如雪紡衫配運動球鞋。

絲襪本來就屬於混搭的一種，但在顏色上的控制一定要拿捏有度，「色」到為止，全身色彩絕對不能超過四種，否則妳就很有可能變成別人眼中的「聖誕樹」。

一般來講，絲襪的色調應與上身的衣服顏色相互呼應，但絲襪與其他配飾的顏色不能一致，否則便會給人一種不分明的感覺，也就是很容易讓人有種視覺上的甜膩感，尤其是很多女生穿了粉色的裙子，又穿了一雙粉色的絲襪，讓人一看就有種「飽」的感覺，此時，搭配一雙顏色衝擊較明顯的天藍色絲襪就很不錯，但上身也應以藍色為主，如：點綴著藍色的純白色短T，再比如：水藍色的短裙配上純白色的襯衫再搭配一雙不過膝蓋的短絲襪；傳統的肉色珠光絲襪，配上相同質感的白色裙子，光亮的對比，也會讓妳看起來很不一樣的。

套裝該如何搭配

著名設計師韋斯特任德說：「一個不喜歡看女人穿套裝的男人，不是傻瓜就是腦子有問題。職業套裝更能顯露女性高雅氣質和獨特魅力。」

套裝將女人知性美展現得淋漓盡致，展示出了女人獨立的一面，與那些溫柔的雪紡裙子相比，套裝會讓女人看起來更加幹練，更加符合現在這個時代的特性。

套裝雖然具有如此多的好處，但如果挑選不慎，穿上了與自己氣質不符合的套裝，也會令妳的魅力下降的。

身為ＯＬ的妳在挑選套裝時，一定要以基本色為主，如：白色的、淺灰色、淡紫色、黑色。最好不要選擇色彩過於鮮亮的粉紅色、黃色等，否則會給人不穩重的感覺。

細心的妳一定要仔細挑選一款適合自己的套裝哦！

一般情況下，妳可以透過以下幾點來辨別一件套裝的好與壞：

第一要看西裝的肩部是否平整，隨著時尚元素的混入，越來越多的西裝已經去掉

了原有的墊肩，只在肩部有一層薄薄的塑型棉。

第二就是要看套裝的領子，領子的Ｖ線一定要直，且高低適中。

最後，就是要看腰部的設計，如果妳不想讓自己穿上套裝後完全喪失了女人味，就一定要選擇一款收腰效果明顯的套裝！

近幾年，市面上增添了許多新潮款式的套裝，妳在購買西裝時可以考慮一下市面上那些比較新潮的套裝，以突出妳的青春美，並不讓自己顯得過於刻板。穿西裝也不一定非得穿顏色相同的上裝和褲子或裙子，妳也可以嘗試一下配馬甲、白色襯衫等進行搭配，此外，套裝對髮型、鞋子、妝容也都是有要求的。

下面就給準備穿套裝的妳，簡單介紹一下搭配套裝的小技巧，讓妳從此愛上穿套裝。

在辦公室裡上班，既不能太過張揚，也不能太過死板，首先，我們要淘汰掉顏色太過顯眼的和太過陳舊的套裝。

其次，現在ＯＬ都講究品味與時尚的完美結合，相信愛美的妳也是這麼想的，因此，無需逗留在刻板的套裝身上，完全可以自己自行選擇，如：米白色的亞麻長褲配上一件天藍色的純棉襯衫，既大方又不失優雅。

服裝只是套裝中的一個部分，也是比較好選擇的一個環節，妳會發現有時令妳煩惱的往往不是該穿什麼樣的套裝，而是穿了套裝後該怎麼搭配配飾、鞋子等。

鞋子最好選擇中跟，不宜過高或過低，一般４㎝為最佳選擇，假如妳選擇了過高的鞋子，走起路來就會顯得不夠穩當，讓上司對妳的能力產生質疑。此外，妳在選擇鞋子顏色的時候應多以中性色調為主。

接著是髮型，一般建議身為職業女性的妳，長髮最好不要過腰，短髮最好不要露出耳朵。最適合的髮型應該是自然垂下的稍帶波浪的中長髮，或是梳在頭頂的髮髻。

首飾的選擇也很重要，全身上下最多不應超過四件。飾品主要發揮點綴的作用，以小巧簡潔為主，千萬不要過分張揚妳嫁了個好老公而戴一個鑽石戒指、一對白金耳環的。

好啦，給愛美的妳講了這麼多，妳都記住了嗎？從今天起，做一個完美的魅力ＯＬ吧！

妳知道自己該穿哪一種顏色嗎？

五彩斑斕的衣服色彩給妳的生活增添了許多色彩。然而色彩並非像妳想像中的那麼簡單易搭，不同的膚色搭配不用的顏色，如果選擇錯了，選了不搭的顏色，不僅無

法營造出亮麗的效果，反而會讓妳的美麗蕩然無存！時尚的妳，知道自己該穿哪一種顏色？

暖色調膚色的妳，應該選擇的顏色

暖色系的妳應該比較適合黃色系的顏色，如象牙黃、天然土黃色、黃棕色等色系，因此，妳在穿衣服上可以盡量選擇黃色調為主的衣服，如淡咖啡色、棕色、金黃及芒果黃、橙黃等。

另外，淡桃紅色及以淡綠色為基色的衣服也很適合暖色系的妳穿著。如果妳不太喜歡黃色的衣服，也可以選擇白色系，如：象牙白或牡蠣白、淡土色等中性色系，這些顏色都會使暖色調膚色的妳看起來更優雅。

暖色調膚色的妳最忌諱什麼顏色呢？因為暖色調黃色系，所以妳在選擇顏色上盡量避免不要選擇對比色調的衣服，如：紫色、玫瑰色，否則會讓妳的皮膚看起來更黃。

冷色調膚色的妳，應該選擇的顏色

冷色調膚色的妳，紅色的衣服一定是妳的首選，這類顏色的衣服能夠將妳的膚色襯托的更加白皙。

此類膚色的妳不適合穿著偏灰與咖啡色系的或者藍色的衣服，因為這類冷色系會使肌膚看起來更蒼白沒有光澤。

棕色調膚色的妳，應該選擇的顏色

如果妳是棕色系女生，那麼最適合妳穿著的顏色就應該是乳白色與灰色的服裝，因為這類色系的服裝能夠凸顯妳文雅的氣質，同時也讓妳看起來白一些。印著花紋圖案的衣服，也比較適合棕色肌膚的妳，這會讓妳看起來更加的乾淨與健康。

擁有棕色肌膚的妳不適合穿咖啡色、深紅色、綠色系的衣服，因為這些色系會讓妳的膚色看起來更加的黯沉。

如果妳分不清自己屬於什麼色調的膚色，也可以根據直觀的膚色來選擇適合妳的顏色。

假如妳生得很白，皮膚白皙如雪，那麼妳就幸運了，因為妳選擇服裝的範圍非常的廣泛。如穿淡黃、淡藍、粉紅、粉綠等淡色系列的服裝，會讓妳顯得格外青春、柔和甜美；如穿上大紅、深藍、深灰等深色系列，則會讓妳的皮膚顯得更加白皙動人。

但身為「白雪公主」的妳，也有忌諱的顏色哦！如冷色調服裝，穿上此類顏色的衣服會讓妳的臉色顯得蒼白沒有光澤。

但假如妳是健康的深色皮膚，也不要擔心，只要選對了襯托膚色的顏色，一樣可以穿得美麗迷人。

因為膚色較重的關係，所以妳可以選擇那些具有補充色作用的顏色，如：純黑色衣著，以綠、紅和紫羅蘭色做為補充色。

最適合妳的三種顏色就是白、灰和黑色。主色可以選擇淺棕色。紫羅蘭配上黃色、深綠色或是紅棕色、深藍色配上黃棕色或深灰色，都可以。

略帶淺藍、深灰兩色，配上鮮紅、白、灰色，也是相宜的。黃棕色或黃灰色的衣著臉色就會顯得明亮一些，若穿上綠灰色的衣著，臉色就會顯得紅潤一些。此外，諸如綠、黃橙、藍灰等色亦可。

黃色金貴

亞洲人的膚色大都呈黃色，給人營造出一種缺乏陽光照射的美感。與歐洲人的白色膚色相比，黃色的肌膚顏色很難搭配服裝，若顏色搭配錯誤就會給人一種不夠明亮有些黯淡的感覺。

下面是打扮自己的一點技巧，皮膚偏黃的女士不妨試一試。盡量少穿綠色或灰色調的衣服，這樣會使皮膚顯得更黃，甚至會顯出「病容」，而適合穿粉色、橘色等暖色調服裝。臉色偏黃的女性，適合穿藍色或淺藍色的上裝，它能襯托出皮膚的潔白嬌嫩。

小麥篇

健康的小麥色肌膚與白色服裝的相遇，能碰撞出非一般的搭配火花。只要選擇合理，以小麥色膚色為底色的白色服裝在質地、款式與配飾選擇上多變一下，足以挑戰絢麗極限，令不同的兩種膚色美女展現各自的性格魅力。在小麥色肌膚的襯托下，薄紗感覺的雪紡綢上衣，透明度很高，顯得很有質感。

紅嫩篇

如果臉色紅嫩，可採用非常淡的丁香色和黃色，不必考慮何者為主色。這種臉色的女子可穿淡咖啡色配藍色、黃棕色配藍紫色、紅棕色配藍綠色，以及淡橙黃色、灰色和黑色等。

臉色紅潤的黑髮女子，最宜採用微飽和的暖色做為衣著，也可採用淡棕黃色、黑色加彩色裝飾，或珍珠色用以陪襯健美的膚色。黃色鑲黑色的衣著對這類最為相宜。

怎樣搭配流行糖果色？

妳知道怎樣的打扮會讓妳顯得可愛嗎？

近些年糖果色悄然興起，女生成為了色彩服飾的瘋狂追逐者。糖果色女生已經不再是那種只會穿著一身粉色，面帶無辜表情的小女生，而是兼具可愛氣息和獨特個性色彩的時尚達人。在今夏，告別那些一成不變的粉色系，用巧妙的對比搭配出頗具個性的女生形象吧！紅綠對比是這一風格的基本款，妳可以試著將綠色外套與紅色大包搭配，讓這種顏色在妳的身上相互輝映，讓妳的個性氣質發揮到極致。今夏，紅配綠再也不是俗氣的裝扮了，而勢必成為糖果色女生的點睛之筆。

糖果色雖然惹人喜愛，但也要考慮膚色是否合適，想要金雞獨立、卓爾不群，用糖果色搭配出時髦的感覺，首先要選擇出與妳膚色適合的顏色，將流行的色彩盡情地發揮釋放出來。

皮膚白皙的蜜桃女生

如果妳是白皙女孩，那麼不得不大大稱讚妳生得好，因為幾乎所有的糖果色妳都駕馭得了，關鍵是要掌握配色的和諧，讓妳的整體效果更加的出眾，例如，明快的水藍色與白皙的膚色互相映襯，搭配淡淡的黃色短T恤，會令妳的肌膚顯得格外迷人，整體的色彩也相得益彰，為妳營造出清新可人的甜美風。此外，橘紅色的服裝非常適合白皙的妳穿著。悅目的橘紅色會讓妳的肌膚顯得更加白淨且充滿魅力，展現出妳現在的優雅美感。

甜美可愛的櫻桃女生

擁有粉紅色可愛肌膚的妳，可以選擇嬌嫩的鵝黃色上衣，給人一種明亮乾淨的溫暖感覺，讓妳的肌膚看起來更加清透、乾淨。此外，穿亮橘色的衣服會讓妳給人親切又舒適的感覺，而粉橘色的服裝讓別人對妳眼睛一亮；醒目的黃色不僅

招人喜愛，也會成為全身搭配的點睛之筆；如果妳想做一個女人味十足的小女人，那麼，黃色印花衣服絕對會是妳的首選。除了色彩適合膚色，在搭配上妳也要盡量做到和諧統一，這樣才能更加發揮出色彩的功效，盡量搭配淺色的或白色的裙、褲或鞋子。明亮純淨的顏色，會讓妳的膚色更加好看。

膚色略黃的小麥女生

如果妳的膚色略黃，那麼在搭配糖果色之前，妳必須要為自己打造一個完美的妝容，這樣即使再豔麗的顏色，也不會反襯妳的「黃」。妳可以選擇淺粉色、翠綠色、白底印花等明朗的顏色，它們會把肌膚襯托得更漂亮，皮膚略黃的妳盡量不要選擇黃色系、橘色系和紅色系的服裝，因為這幾種顏色與妳的膚色都屬於同個色系，穿著後會覺得整體都趨向於黃色，所以使肌膚也顯得更黃。

皮膚略黑的黑珍珠女生

如果妳的皮膚略黑，也沒有關係，妳可以選擇顏色較為亮麗的玫紅色、海藍色等今夏超流行色來打扮自己略黑的肌膚，既實用又時尚，還會為妳增添不少可愛與優雅。

膚色較黑的妳選擇玫紅色服裝可以使妳的肌膚顯得更光彩奪目。豔麗的海藍色不僅是今夏的潮流顏色，還會提升妳的品味，選擇可愛的款式，妳就是最閃亮的公主，但是妳在選擇衣服時千萬不要選擇淺黃色的服裝，因為明亮的淺黃色會讓妳看起來更黑，所以這樣的搭配能免則免。

內衣也要用心搭配

外表穿著精緻的妳是選擇貼身內衣呢？是無論何種款式都穿著一成不變的內衣，還是不同衣服搭配不同的內衣呢？

妳千萬不要以為內衣穿在裡面，總會被外衣所掩蓋，因此怎麼穿，穿什麼款式的其實沒有什麼區別。事實上，內衣就像女人的另一種愛情，妳會發現，在妳細心的搭配後，原本平淡的外衣，也變得身材風揚起來了，內衣就是有這樣「起死回生」的魔力，能夠最大限度的發揮出妳的女性魅力，更好的展示出妳玲瓏有致的曲線。

此外，選擇一款真正適合妳、可以凸顯妳身材的內衣，也會讓妳變得更加自信。試想一下，在與男友的約會中，妳選擇一件滾著花邊羅曼蒂克的粉紅色性感內衣，搭配一件粉紅色連身洋裝輕快地赴約，他的心情一定會不同以往。無論是約會、上班，

聽明的妳都應該懂得給自己挑選一款合適的內衣，巧妙地裝扮出自己的萬種風情。

身為上班族的妳，成天待在辦公室裡，選擇一件適合妳工作性質的內衣，搭配合適的服飾，一定會讓妳給人一種俐落、明快的感覺，也會讓勤勞工作的妳感覺充滿活力。

說了這麼多，再問妳一個問題，妳知道該怎麼選擇、搭配內衣嗎？

如果妳的回答是：YES，那麼妳可以直接看下一個小節了，如果妳的答案是：NO，那麼，妳一定要仔細閱讀接下來的內容，它會幫助對內衣搭配尚處懵懂階段的妳挑選合適的內衣。幫助妳做一個有「內在美」的女生吧！

「內在美」是對愛美的妳的一種讚美，也是一種要求，在這裡我泛指內衣的美感。在越來越提倡「內在美」的今天，內衣的選擇與搭配已經逐漸成為了潮流女人的時尚話題。

一件適合妳的內衣，不僅能展現妳的S曲線，增加妳的自信和女性魅力，更重要的是能夠解決穿衣問題，尤其是針織衫時凸點的尷尬，使妳的個人形象更加自然、更趨完善！

不知道妳平時喜不喜歡穿大V字領的衣服，會不會擔心走光或者是達不到性感的效果呢？

大V字領的衣服為了避免走光，通常都會選擇較緊身的設計，突出優美線條和迷人的乳溝。如果妳對妳的胸部足夠的自信，那麼妳便可以購買側面加墊的內衣；但如果妳是「太平公主」則必須選向上拉力強，下面有軟墊式樣的內衣。妳需要透過這類內衣來提升胸高點，而不是僅僅加深乳溝，「太平公主」的妳能靠推高而展現乳房的弧度。此外，穿大V字領衣服的時候，最好不要露出肩帶，選擇四分之三罩杯或穿無肩帶型的二分之一罩杯都很合適。

普通但永不落空的搭配——配襯T恤與牛仔褲。如果妳是短T恤一族，妳就在選擇內衣的時候注意營造出優美的胸部曲線，無縫胸罩或全罩杯的簡單設計最適合妳。這類內衣既能防止胸圍線條顯露於T恤，也能為雙乳締造出優美的弧度。

如果妳是酷愛運動的活力女孩，那麼內衣不僅要顯示出玲瓏的身材，還要能夠配合妳在運動時大幅度的動作。因此，妳在選內衣的時候，應該選擇質料柔軟富有彈性的內衣，那麼就算是劇烈運動也不成問題。

妳可以去體育用品專賣店，購買那種特製的運動用胸圍交叉肩帶款式的內衣，這類內衣能防止肩帶滑落及乳房過度搖擺，妳穿上後無論是多麼劇烈的運動依舊能夠活動自如。

如果妳屬於職業白領的優雅女性，那麼妳一定會經常穿著一些套裝。

考慮到套裝多以收腰設計為重點，所以應穿胸部收腰束衣。它能夠明顯遮住妳腰、腹部上多餘的贅肉，具有收緊和修飾作用。穿著這類內衣，可以彰顯女性美妙的體態，讓妳風采倍增。

如何搭配腰帶？

腰帶是女人在服裝搭配中最容易忽視的環節之一，女人們常常只關心自己的外套好不好，褲子好不好，卻總是忽略腰帶在整體搭配中發揮的作用。事實上，腰帶絕對是塑造玲瓏身材的不二法寶，無論妳是習慣穿著連身裙的淑女ＯＬ，還是熱衷於迷你裙、超短褲的活力美眉，一條搭配得體的腰帶總能為妳帶來不一樣的視覺效果，成為妳平淡裝扮中的亮麗一筆，讓妳成為獨一無二的美麗「腰精」！

最IN的職業穿法

白領上班族的妳，是不是總是為穿套裝而煩惱呢？覺得套裝掩蓋了妳的魅力，讓妳成為潮流外的一行人，更一度認為妳與各種款式的腰帶絕對沒有「共鳴」之處。其實，從2004年巴黎時裝週上開始將腰帶與西裝搭配以後，各個類型的腰帶便被廣泛應用在針織外套和職業套裝外，不僅不會給人畫蛇添足之感，還表現了搭配的層次感，讓一件簡單得不能再簡單的套裝穿出潮流味。

層次搭配，盡顯女人之美

長開衫＋連衣裙是夏天很多女生都愛選擇的亮麗裝扮，不僅給人一種清新樸素的感覺，還能襯托出妳不一樣的女人味。這種搭配講究的是層次感，也是今夏最熱門的潮流趨勢，開衫＋連身裙很有混搭的意味，再配上一條寬腰帶將整體的層次表現得淋漓盡致，也讓腰身更加緊緻。

中性混搭，盡顯另類之美

平時男孩氣的妳，不怎麼喜歡那麼過於花俏的寬腰帶或時裝帶，那麼妳可以選擇一條簡潔而亮色的腰帶，搭配一件較緊身的短T和一件短於T恤的夾克衫，兩件衣服的層次感便輕輕鬆鬆的被營造出來了，且亮色的腰帶會成為妳全身的焦點，將平凡的中性裝扮點綴得更加成熟大方，氣質感極佳。

最嫵媚的搭配方法

春秋之際，妳是不是也喜歡穿一件很具野性魅力的小皮衣呢？可是令妳煩惱的是，卻一直找不到最佳的搭配方案，將嫵媚與野性相結合。

其實，妳只要將妳衣櫥裡那些比較緊身的夾克與一件十分合身的裹胸裙搭配起來，再搭配一條很有質感的皮質腰帶，嫵媚身材一覽無遺，讓妳看起來既不會太過招搖又可與平庸劃清界線。

異域風情，盡顯完美曲線

妳滿意自己的身材嗎？對自己充滿自信嗎？如果妳的回答是肯定的，那麼在夏季的時候，妳千萬不要錯過具有維多利亞風情的無袖衫和一條波西米亞風情的漸層中長裙。裙子與上衣本來就已經非常亮眼，此時，妳再適時的在腰間搭配一條腰帶，既發揮上下過渡的作用，又給妳的整體效果增添了一份時尚氣息。在打造完美S型曲線的同時，盡享他人羨慕目光。

日韓風，將條紋穿出不同感覺

斑馬紋連身褲可謂是當今日韓最流行的服裝之一，鍾愛時尚的妳是不是也早已心癢癢呢？不要擔心條紋會讓妳的身材顯得臃腫，也不要擔心連身褲會遮住妳的好身材，只要妳適時的在腰間搭配一條黑色的寬腰帶，便能夠巧妙的解決掉這些問題，讓妳的身材看起來非常的協調，且與連身褲上的條紋相互呼應，營造出完美的層次感，讓妳成為獨一無二的時尚達人。

如果以上的搭配依然沒有合妳的胃口，那麼妳就可以根據自己平時鍾愛的裝扮自行選擇合適的腰帶。一般來說，妳選擇一條和妳所穿的衣服同色系的腰帶就絕對不會出錯，不過這樣的搭配一般不會有什麼閃亮點，如果妳不拘於平凡，那麼就可以大膽的嘗試一下與服裝顏色反差較大的腰帶，如：穿黑色的衣服，在腰間繫一條白色的腰帶，讓腰帶成為妳全身的閃亮點，不過也應注意盡量做到顏色上的和諧。

怎樣挑選一雙適合自己的鞋子？

每一個女人都是多面的，搭配不同的鞋子，能夠襯托出女人不同的魅力。

性感的羅馬鞋

近年來突然颳起了一陣羅馬風，各大專櫃鞋城紛紛賣起了羅馬鞋。

羅馬鞋一般會有長長的帶子可以一直綁到腳踝處，這類鞋子可以拉長腿部的視覺長度，長長地綁帶，既性感又充滿異國風情。

穿這類鞋子的時候，可以搭配小熱褲或是迷你短裙，腿長的美眉也可以穿一件具有羅馬風情的長裙。

羅馬鞋雖然能夠發揮拉長雙腿長度的視覺效果，但還是建議身材偏嬌小的女生不要選擇，否則會看起來有些不倫不類。

中性風

隨著中性風的流行，中短靴子又再度出現在人們的面前，不過卻絕對換了一個形式，多以比較硬朗的造型出現。妳在搭配此類中短靴子的時候，應盡量選擇較緊身的牛仔長褲或是短褲，不要和寬筒褲和長裙搭配。

此外，假如妳的身材比較嬌小，那麼妳應盡量選擇小短靴，並最好搭配緊身衣，可以發揮出腿部視覺拉長的效果。

運動休閒風

運動鞋是妳鞋櫃裡必備的鞋子，無論妳是ＯＬ還是可愛的小女生，妳的鞋櫃裡一定不能少了一雙運動鞋。

目前市面上最流行的運動休閒鞋，莫過於復古帆布鞋。這類鞋走的是百搭路線，無論妳穿什麼衣服，它都能搭得上。

因此，假如妳尚且找不到適合自己的鞋子，不妨先買一雙復古帆布鞋，無論是搭配夏日長裙還是運動短T，都能配得上。

魚口鞋

魚口鞋是很多OL的最愛，因為這類鞋會將妳的氣質襯托的更好，還會在不經意間增添一些斯文的感覺，一點復古的風情。

魚口鞋可以與連身裙、套裝、短裙搭配，非常適合上班族的妳穿著。

此外，追求性感的女生也

可以選擇魚口鞋，因為魚口鞋同樣能夠與緊身牛仔褲、熱褲等搭配，盡顯火爆熱辣風情。

但是值得一提的是，穿魚口鞋最好不要與絲襪搭配，如果非得要穿，也盡量選擇實色的絲襪。

最後，就是提醒喜愛魚口鞋的美眉們，在選擇魚口鞋之前，一定要先保養好妳們的腳部皮膚和趾甲，最好塗上與鞋子很搭的指甲油，這樣就更顯風情了。

有人這樣說，外衣是穿給別人看的，內衣是穿給伴侶看的，只有鞋子是穿給自己看的。

一雙與妳氣質相互呼應的鞋子，不單單會帶給妳身邊的人視覺上的滿足，更多帶給她們心靈上的愉悅。所以說，懂得挑選鞋子的女人，才是一個真正懂得生活，珍愛自己的女人。

lesson 3

時尚，點亮生活色彩

挑選適合自己的飾品有助於提升品味

潮流沒有具體的定義，它總是變化萬千，但愛美卻是妳的天性，即使妳明知道美麗是可遇不可求的，潮流是趕也趕不上的。其實，在父母給的先天條件固定的情況下，妳依然可以透過許多方法來把自己打扮得漂亮迷人。

利用妳首飾盒裡那些不起眼的小飾品，妳就能把自己裝飾成為一個集美麗、高貴、品味、氣質於一身的「完美」潮流女。

千萬不要小看配飾的力量，配飾雖小巧，但只要搭配得當，就能讓整體的造型更加美麗，在某種程度上來說，一個女人所戴的配飾從側面顯示出了這個女人的品味。搭配精緻而得體的配飾，能夠讓妳瞬間成為眾人的焦點。

由此可見，生活中渴望成為魅力百分百的妳，是絕對離不開飾品的，且對飾品的選擇和需求變得更加重要。還等什麼，趕緊為自己挑選幾款適合妳氣質的飾品吧！

飾品對於男人，象徵著金錢與地位，所以它們無所謂裝飾；但對愛美的妳來說則是一種點綴與襯托，是展示妳審美觀與品味生活的「平臺」。一個「點」和一個「襯」，完美的詮釋了飾品對於妳的意義。

現在，愛美的妳是否已經迫不及待去挑選適合妳的飾品了呢？先別急，因為挑選飾品絕非一件輕而易舉的事情。選購飾品首先要考慮的就是它的搭配性，這也是妳買飾品的初衷，有時即使再好看的飾品，無法與妳日常的服裝搭配也是沒用的。

只有與妳的衣服很搭，同時又能很凸顯妳的氣質的飾品，才能算是妳的飾品，或者說才能更好的展示出妳的審美情趣和生活品質。

飾品分為高、中、低三個等級，妳在選購飾品首先應考慮妳的消費能力，避免因為一時的興起，而導致自己陷入「經濟危機」。此外，如果妳夠聰明的話，也可以藉助衣服來提升飾品的品質，或者是藉助高級的飾品來提升衣服的級別。交替著搭配，一定能讓妳時時刻刻擁有令人羨慕的高貴氣質。

飾品也是有百搭款和季節款或特定款，此時，我建議妳寧可多花一點點錢，也要多購買一些百搭型的飾品。因為，百搭型的飾品可以在派對、日常生活等多種場合與不同的衣服進行搭配，至少能搭配得上兩種季節的衣服、三種不同類型的服裝。

而那些單一搭配，或只能與衣櫥中一兩件衣服搭配的飾品則就是我所說的季節款或特定款，這類飾品儘管色彩和樣式很誘人，但一般被妳帶出去「炫耀」的時間不會太長，因為妳常常會發現它們不怎麼好搭配衣服，很受侷限性，常常讓妳為了帶它出去而換衣服換到汗流浹背。

在購買飾品時，妳也不可太過於「精打細算」，購買那些做工粗糙的飾品，不僅不能與妳的服裝相互呼應，還會降低妳的品味，讓妳在眾姐妹的派對上「顏面大失」！

此外，如何佩戴飾品也是非常有講究的，飾品點綴在人體的不同位置，要格外注意與體型的關係。假如妳是一個嬌小型的女生，則妳在選擇項鍊的時候應盡量選擇那些細小的項鍊，不適合那種粗粗長長的掛件，也不適合佩戴裸露在外的腰鍊；但如果妳是身材高挑的女生，則忌諱的事情便少了許多，不過也要注意凡事應「適可而止」，切不可貪多將飾品戴滿全身，既累贅又俗氣。

飾品應該是妳愛不釋手之物，應該是妳搭配在身上的藝術品。妳要知道，一個完美的魅力女人應該是一個讓人滿載慾望去閱讀的「寶典」，藏著數之不盡的等待人解讀的東西。

為了妳迷人的氣質得到充分的展現，妳一定不要吝嗇去挑選幾款百搭型的飾品，不要一擲千金買衣服，卻連拿出一點點錢買飾品都不願意，做一個分不清主次的「吝

嗇鬼」。妳要知道，衣服不搭配適當的首飾是很難有明顯的突出點，因此，為了一件能夠提升妳的氣質且獨特、心愛的飾品，花些心思與錢是值得的！

如何讓眼鏡襯托妳的美？

妳是近視眼嗎？妳佩戴隱形眼鏡還是鏡框眼鏡？妳覺得眼鏡遮住了妳的美還是襯托出了妳的與眾不同？

美瞳眼鏡是隱形眼鏡中新衍生出的一種有色隱形眼鏡，它色彩多變，可以讓妳的瞳孔在佩戴後呈現出不同的顏色，如：浪漫的紫、迷人的綠、深邃的藍、野性的棕……甚至是可以發揮視覺增大眼瞳效果的黑色，都讓妳的無限風情在這些色彩中自然地流露。

妳在選擇美瞳眼鏡的時候，除了要考慮到眼鏡的明亮感、流行度之外，還要考慮到妳所選購的顏色是否與妳的臉色很搭，或是佩戴後的眼色是否逼真等問題，因為這些都是妳挑選隱形眼鏡的重要因素。

那麼，妳是否有意識到不同顏色的美瞳，應該搭配不同樣式的妝容呢？

迷人的綠色美瞳：希望營造出迷離眼神的妳，可以選擇這款綠色的美瞳眼鏡，並配上暖色系的眼影，如：褐色、酒紅色……選用黑睫毛液，忌使用同色系的綠色眼影。

深邃的藍色美瞳：如果嚮往歐洲人的藍色眼睛，那麼這款給人深邃眼神的水凝藍妳就一定不能錯過，在佩戴這款眼鏡時，妳應該配上清淡的裸妝，會更好的凸顯藍色眼睛的清澈明亮與深邃感，盡量選擇粉紅色系的亮色唇彩，咖啡色或者是紫色系的淺色眼影，同樣忌諱選擇藍色眼影。

野性的棕眼美瞳：咖啡色或者棕色系的美瞳，都會帶給人一種來自大自然的野性的性感，就像那些穿梭在叢林的小花豹一樣，美麗卻潛藏著危機，讓男人欲拒還迎。此時，妳可配合不同色系的眼妝，自然清新或者是濃重。畫上咖啡色眼線，微微內靠，可選淡銅色的眼影，黑睫毛液。

浪漫的紫色美瞳：紫色會給人一種深邃的感覺，看著妳的眼睛，會讓人們不自覺的產生對宇宙的聯想，猜想妳會不會是哪個星球派下來的使者，因為妳那個淡紫色的美瞳真的是太輕透了，太浪漫了。此時，妳的眼部妝容應該越簡單越好，選擇深藍色的眼線，將紫色的眼睛襯托得更加清透，配上透徹性很高的眼影，一定能讓妳成為男人心目中的天使！

不要以為近視眼鏡永遠是美女的累贅，如果妳不習慣佩戴隱形眼鏡的話，也不要

以為自己就不能大方展示美麗，其實精緻、顏色得當的鏡框眼鏡也是展現妳魅力的不二法寶。

鏡框眼鏡搭配得當，不僅能夠襯托妳的美，與妳的著裝達到「渾然天成」的效果，還能發揮修飾臉型的作用，讓妳沒有辦法不愛上它！

那麼，現在我就給已經躍躍欲試的妳，講一下鏡框眼鏡的基本搭配法則，祝妳早日成為眼鏡美女一族。

完美百搭臉型——倒三角臉：曾經因為長了這樣的臉型而苦惱的妳，現在可以偷笑了，因為妳的臉型幾乎可以搭配所有的鏡框眼鏡，想怎麼搭配就怎麼搭配，選一款符合妳的氣質的當下潮流款，讓時尚隨著妳的腳步走。

古典溫順臉型——鴨蛋臉：由於臉頰部稍顯寬大，所以應選擇寬邊的方形眼鏡或者具有硬朗感的眼鏡，這類眼鏡不僅能修飾妳略顯肥大的臉形，還能打造出

屬於妳的柔和與硬朗的平衡之美。

阿呆式臉型——方形臉：如果妳是方形臉的話，那麼最適合妳的鏡框形狀就是橢圓形，這類鏡框一方面能削弱方形臉的呆板感，另一方面還能為妳塑造出倒三角形臉部外形。

上窄下寬臉型——正三角臉：此類臉型的妳可選擇細長且帶有上翹感的眼鏡，這樣的眼鏡會在視覺上減少妳的臉頰寬度。外眼角下緣鏡框弧線上翹的設計，具有上升的感覺，能夠有效地平衡妳上窄下寬的臉型。

屬於披肩的新時尚

提到披肩，妳腦海裡蹦出的第一個念頭恐怕就是上個世紀的大上海的富貴太太。別覺得披肩離妳的生活很遠，事實上，搭配協調的披肩不但不會將妳老年化，還會為妳增添一抹耐人尋味的女人味，成為妳與眾不同的焦點。

很快，妳發現：那些原來披在自己身上走了樣的披肩，現在的妳竟然也能披出意想不到的高貴與優雅。

披肩披出不一樣的風情，帶出新的時尚，以下內容，為想要嘗試卻一直沒敢嘗試

的妳獨家訂製。只要妳將披肩搭配得適宜，妳就可以輕鬆的披出不一樣的風情，打造屬於妳自己的潮流時尚。

哪一種形狀搭得上妳的氣質？

披肩大都為三角形且邊緣部分裝飾有流蘇，以毛線編織及天鵝絨為主要材料，給人休閒、成熟、穩重之感。生活中的妳，一定不能錯過三角形的披肩。

如果妳常出席一些派對的話，妳就可以選擇那些質地給人華麗之感的，帶有亮片或水晶珠子的三角形披肩，一定會讓妳成為當晚的「女主角」。

此外，年輕的妳也可以選擇，給人俏皮感覺，不會像三角形披肩那樣將妳顯得過於成熟。最近一些馬蹄形披肩還有一些長形披肩的兩端會縫有兩個口袋，年輕的妳只需披一條這樣的披肩，將兩隻手放進披肩的口袋裡，無需多餘的言語，已能讓人感受到妳的率真與美麗。

今天妳決定披哪種款式？

如果妳是天生文雅的古典型美女，那麼千萬別錯過能夠凸顯妳氣質的真絲印花披肩，它們會讓妳看上去更加的內斂、更加的耐人尋味！

羊毛披肩或羊絨披肩比較適合冬季披，常常給人一種溫暖的感覺，品質感還會給妳帶來成熟的印象。方便又暖和，一定會讓妳留戀。

妳既然選擇了披肩，心中難免會生出一些與眾不同的想法來。簡簡單單的披肩，給日常生活中為妳增添了一份溫暖和含蓄的典雅氣息；如果妳崇尚復古風，力求營造出大上海的感覺，那麼妳就可以將整件披肩先披在肩上，將兩端繞到前方，由胸前交叉一次後，再將兩端都往後圍，讓它們「乖巧」地披掛在肩膀後方。

披肩，是最具女人味的裝飾物之一，妳經過它巧妙的裝扮後，一定能成為一個給人內斂、矜持、端莊……卻又不失優雅氣質與女性特有的柔美之感的俏佳人。想要改變自己的氣質的妳趕快來嘗試一下吧！

屬於妳的女人「味」——香水

喜歡香奈兒5號和迪奧甜心系列香水的妳，是否也覺得香奈兒曾經說的一句話頗有深意呢——「不喜歡香水的女人是一個沒有前途的人，一個衣著優雅的女人，同時也必須是一個氣息迷人的女人！」

一個小小的香水瓶，盛的不僅僅是那誘人的氣息，更是屬於妳的女性魅力：溫柔、恬淡、風韻，甚至是小小的任性。

也許，妳僅僅只是因為充滿魅惑的香水廣告而從此對它們喜愛有加，或許是那似曾相識的味道，讓妳不能自拔……

妳與香水之間，就是這樣，曚曨卻充滿著無限的遐想與魅惑……

香水成全了妳的善變，妝點著妳的時尚，詮釋著妳的氣息，撫弄著妳的柔情……熱情、性感、恬淡、傲氣、典雅，都讓妳成為眾人關注的焦點。在強烈的個性對比中，妳找到的是那個遺落的自己。

不同香味預示著不同的人生，選擇一種適合妳的味道，將會讓妳的人生與眾不同。

假如妳是活潑、好動的樂天派女生，具有古靈精怪思想的妳，常常會看起來比實際年齡要小，妳的身上充滿著令人羨慕的靈性，天生樂天派的妳，走到哪裡都是他人的開心果。妳具有非常敏銳的時尚眼光，走到哪裡都能夠非常準確的洞察時尚潮流，有著大膽奔放、勇於創新的個性。

活潑的妳與熱情兩個字密不可分，因此妳在選擇香水的時候應該著重挑選那種氣味帶著熱情、情感感覺的香水，如具有水果氣息的花草型香水。

身為浪漫型的妳絕對是異性無法抗拒的類型，妳在交際方面具有天生的才能。浪漫型的妳適用以西方的花材為主，融合東方神秘而溫暖的琥珀香型香水，Coco chanel小姐研發的香水就非常適合浪漫的妳使用，是一款很適合亞洲人香型的香水。其呈現出來的極度神秘與世故的風貌，最適合妳這種天生的社交家的摩登女子。

看過《穿著Prada的惡魔》以後，妳就該知道什麼叫「尊貴」了，而同樣具有片中女主角一樣的高貴氣質的妳，應該選擇哪一款香水呢？

妳在情感與生活上力求完美和情調，是女人眼中令人羨慕的知性女人，妳是尊貴的，常常也是出類拔萃的。

尊貴型的妳很明顯就應該選擇一款同樣具有尊貴氣息的香水，在這裡推薦妳使用Jo的香水。

不過，Jo也是世界上「成本最昂貴的香水」，據說，Jo每生產30毫升，至少需要近

10萬朵茉莉和300多朵玫瑰。也正因其昂貴，奧斯卡的頒獎典禮才會選擇Jo成為贈送給來賓的禮品。

如果妳是一個標準的女生，標準的身材，標準的外貌，標準的收入，親和中透著理性與智慧，傳統中隱藏著勇於挑戰的叛逆，那麼最適合妳的香水便是waiting。這款香水中隱藏著無限的寓意，等待！等待未知的未來……

此外，值得注意的是，妳千萬不要自行在家將幾種香水混合在一起，試圖調配出新的香型，因為這樣很容易引起香水的化學反應，給妳造成不良的後果。也不要嘗試去塗抹男性香水，要知道有些嘗試是不得償失的！

如果妳是皮膚敏感的女生，不能直接將香水塗抹於肌膚的話，也可以將香水適量的噴灑在衣角上或嘗試使用那些酒精含量較低的兒童香水，說不定會有不一樣的收穫也說不定。

香水曾被戲稱為「液體鑽石」，無論妳屬於哪一種類型的女生，恐怕都會一發不可收拾的成為香水的終極狂熱著，因為它帶給妳的不只是簡單的氣息那麼簡單，更多的是，它讓妳變得更加富有情趣。

一起去甩包包——選一款適合妳的提包

如果妳問一個女人「妳的衣櫃裡有多少個包包？」，或許等上大半天她也沒有給妳答案，因為女人的包包與鞋子一樣，永遠也不會覺得夠了！無論包包是什麼樣式的，都能吸引女性止步。現在就讓我們一起來瞭解這個和妳的關係密不可分的東西，讓妳更能掌握時尚！

如果妳是個追隨時尚的女孩，妳忠於潮流與時尚，那麼妳應該選和流行色調協調的包包。

如果妳是個愛穿素色衣服的鄰家型女生，那就該配顏色鮮豔花俏的包包。

如果妳是愛穿T恤、運動服等男孩子氣十足的女生，那妳就應選尼龍、塑膠、厚帆布一類的硬包包。

如果妳是愛穿針織衫、襯衫等淑女氣的女生，妳則應選蕾絲、麻或柔軟的棉類等軟包包。包包的變化，應隨著妳主要服裝的材質而變化。

那麼應該如何選擇適合妳風格的包包呢？名牌奢侈品的包包真是「所有愛美女生的終極夢想」嗎？

選包也要看臉型。如果妳是那種五官清晰，稜角分明的男孩子味十足的臉型，就要選擇帶條紋的、有陽剛氣的包包或是運動感很濃重的漆皮包包。

如果妳是雙眼透著溫柔，小鼻子小嘴的嬌羞公主型女生，則要選擇有些亮片、水晶珠子的包包。

身材也是妳選包包要考慮的因素之一。如果妳選擇了一款可以夾在腋下的包包，那麼就不得不考慮起夾在腋下的包包厚度，及妳的胸圍和腰圍。如果妳是一個比較豐滿的女生，那麼妳應當選擇一款薄而長的長方形側夾包；如果妳是有點男孩子的「太平公主」型女生，妳則應該選擇一款厚厚的三角形包包。

如果妳喜歡寬大的包包，那麼在選購時一定要考慮到身高問題，身高160公分以上的女孩子，可選全長55公分可以豎著裝進一本雜誌的包包；而身高155公分以下的，可選擇全長約45公分可以橫著裝進一本雜誌的包包。

如何根據妳所需的功能來挑選適合的包包？

選擇提包，外觀固然重要，但是功能也同樣不可忽視，畢竟包包就是用來裝東西的，很少有人背著空包包上街吧！

現在的很多包包，「考慮」的都很周全，裡面既有零錢包也有手機包，還會設有幾個夾層，方便妳裝不同的東西進去。

下面我為妳列了四點幫助妳選購適合自己的包包，妳下次買包猶豫不決的時候，就可以找出來試試看。

首先，妳要知道妳屬於哪一種個性的人。

然後，要清楚的瞭解妳日常的著裝風格。

再次，要買的包包是準備出席什麼場合用的。

最後，一般時尚的妳需要兩個休閒包，兩個正式的包包，一個黑色的包包，一個紅色包包，分別滿足休閒、職業、晚宴的搭配使用即可。

根據這四個特點，如果妳有足夠的閒錢，便可以多挑選幾款與衣服搭配的包包。

比如說夏天到了，衣服的顏色普遍都會變淺，這時妳可以購買一些比較百搭的淺色系休閒包，在夏季的時候，只要妳選的包包不會給人一種炎熱的感覺，就算是成功的！

Chapter 2

完美女人深度轉變：

讓妳的美由內而外的散發

儀態，他對妳的第一感覺

二郎腿不能隨便翹

辦公室裡有著這樣一群女人，穿著得體，妝容精緻，做事冷靜，卻喜歡擺出同樣的姿勢——翹二郎腿，妳是否也是這群人中的一員呢？

妳常常覺得穿套裝時，翹二郎腿不僅不會走光，而且也能優雅的展示出妳的美腿。而事實上，公共場合翹二郎腿是件極其不禮貌的一件事情，且嚴重危害到妳的腿部健康。

盛夏，穿上漂亮衣服的妳，最先引起他人目光的往往不會是妳漂亮的衣服，而是幾乎佔了妳身體一般比例的腿部線條。一雙纖纖修長的腿，其實更能散發出妳的美。但是，令妳不知道是，妳翹二郎腿的習慣正在一點點侵害到妳美腿的線條。

對經常要坐辦公室的妳來說，常常會出現背部、頸椎疼痛。其直接原因是脊椎受壓變形所致。而妳在翹二郎腿時，給脊椎造成的壓力最大，使胸椎與腰椎受壓不均，長此以往，一定會壓迫脊椎神經，引起腰痠背痛，還會造成兩腿肥瘦不均，破壞原來腿形的線條。

因此愛美的妳一定要注意，日常生活中，這二郎腿能不翹就不翹。因為它的危害真的是不小！下面我就給各位介紹一下翹二郎腿的壞處，以便妳們即時認識到事態的嚴重性，盡快將翹在上面的美腿拿下來。

假如妳經常翹二郎腿，妳就很容易患上「未老先衰」的疾病——關節炎。因為「被壓的腳」長期承受另一隻腳重力的壓力，久而久之，這種不正常的外力就會導致膝蓋內的保護膜受損，引起關節炎，也就是很多人口中的「未老先衰」。

此外，經常受「壓迫」的腿的神經很有可能出現麻痺或是整條腿喪失感受能力，也就是醫學上的「神經壓迫症候群」，倘若妳患上了這類疾病，就必須接受臨床康復治療了。

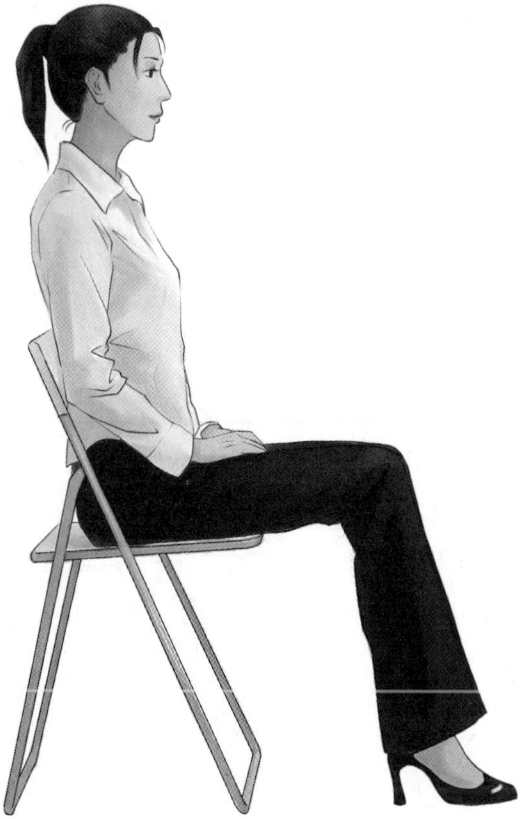

經常翹二郎腿還會導致翹在上面的腿患得靜脈曲張，導致美腿的「容貌」嚴重受損甚至是「面目全非」。這主要是因為翹在上面的腿，大部分的神經血管都與另一條腿重合在一起，血液不暢，加大了患得靜脈曲張的機率，嚴重的話還會引起下肢浮腫、潰瘍。

習慣性地翹二郎腿還會讓妳的美腿變成「O型腿」，且長時間的兩腿交叉，翹起的一隻腳不得不向內收縮，久而久之，便會導致膝蓋的韌帶發炎，引發「O型腿」，讓妳原本美麗的腿形變得醜醜的。

所以身為上班族和愛美女性的妳，一定要保持正確的坐相，改變翹二郎腿的不良習慣。

為了姐妹們能夠擁有漂亮的美腿，特地整合了一些「修練」美腿的方法供大家參考。

少站立多走動

走路是塑造美腿最有效的方法之一，只要妳每天拿出30分鐘的時間用於走路，其實妳逛個街的時間都會比這長啦！走路的時候，背部要挺直，將重心放在腳尖上，這樣不僅能夠增加小腿的活動量，還能讓腿部的線條更加修長。此外，提醒愛美的妳千萬不要長時間站立，因為長時間的站立會造成小腿部血流不暢，久了還會產生浮腫，甚至是靜脈曲張，嚴重影響妳腿部的美感。

像椅子一樣「坐」著

坐姿對「修練」腿形來說非常重要，尤其是對需要經常坐在辦公室裡的妳來說，所以在日常生活中，一定要養成良好的坐姿，一般標準的坐姿應該是和椅子保持一樣的形態，即：後背貼著椅子的靠背，雙腿與椅腿平行垂下，大腿與小腿成90°直角。兩條腿優雅的閉合，將妳的女人味盡顯無遺。

維持妳的身體重心在一條線上

重心不在一條線上的妳要注意啦！長期的重心不平衡，可是會造成美腿走形哦！重心不平衡喜歡站三七步、背包常常背一邊的美眉注意啦！長期重心不平衡的結果，也會造成腿形的不美麗哦！為了適應重心的改變，身體不得不自動調整姿勢以保持平衡，在妳還沒察覺的情況下，說不定妳的肩膀就已經傾斜了，腿形已經彎曲了。

因此，建議愛美的妳，在必要的正式場合外，還是盡量少穿高跟鞋，以維持重心的穩定、平衡。

怎樣擁有優雅得體的表情

妳鍾愛Versace的韻味，還是Prada的奢華，是喜歡Givenchy的動感時尚，還是欣賞Valentino的優雅味道，但是，愛美的妳請在為自己的搭配潮流時尚的服裝之前，「搭配」一種與妳風格相匹配的表情吧！

因為妳的表情是否具有美感，直接影響著妳的魅力指數。試想一下，在一場華麗無比的派對中，妳穿著Prada的藍寶石色緊身晚禮服，從上頭緩緩地走下來，人們無不仰著頭注視著樓梯，等著看這位優雅氣質美女的廬山真面目。隨著妳一階臺階一階臺階的走下來，人們卻看到了一張充滿無奈與悲傷或是齜牙咧嘴大笑的表情，那麼妳的魅力會在一瞬間蕩然無存，再好的衣服也只能成為一塊遮身的布。

因此，愛美的妳一定不能只在乎衣著是否新潮時尚，而要時刻保持妳的表情美，表情美是人的儀表美的動態表現，一般來說，妳的表情美主要包括臉部表情美、手勢美及眼神美三個方面。

首先，我向愛美的妳介紹一下何為眼神美，怎樣才能擁有美麗的眼神，成為十足的「電眼」美女！

「靈活」——這是想要成為「電眼」美女的妳必須要做到的一件事情，一定要保持妳的眼神靈活，靈活的眼神會讓妳充滿朝氣，是生命活力的象徵。靈活的眼神還能給人一種流動的美感。

「明亮」——這是展示妳「電眼」電力的重要因素。擁有這樣眼神的妳，會給人一種不加修飾的美，讓人不禁會聯想起自己兒時的玩伴，沒錯，這樣的妳就是那麼的清新宜人，能夠給人帶來一種清新的美感！

想要成為「電眼」女生的妳還要注意，在生活中盡量避免斜著眼睛或是用不屑一顧、輕浮的眼神看別人，這不僅是不禮貌的表現，也會降低妳的個人修養與內涵！

說完了如何擁有「電眼」，現在的妳一定有些迫不及待地想要知道怎樣打造臉部優美的表情了吧！

表情是妳的第二張「嘴」，妳的喜、怒、哀、樂，都表現在表情上。太冷傲或太曖昧的表情都會讓人感到不舒服。想要擁有優美的表情，一定要把握好表情的準則。

想要做到表情美，妳就要做到以下幾點：自然、輕鬆、大方。

表情講究的是自然的流露，不能太過做作，妳千萬不要為了營造出優美的表情，而把一些表情堆砌在臉上，給人一種僵硬不自然、不真實的感覺。人的表情和打扮一樣，要做到大方得體。

絕對放鬆的臉部表情總能給人一種美的感覺。但對國字臉臉型的妳來說，應多注意保持微笑，因為微笑能夠消除國字臉在視覺上過於硬朗的感覺，為妳增加一些女性

的柔美感覺。

妳在與朋友講話、與對手爭論、工作會議上做報告……有沒有打手勢的習慣？如果妳的回答是「YES！」，那麼妳是否滿意妳的手勢，或者是妳覺得妳手勢是否優美，足夠襯托妳的美麗呢？

無論在哪些地方，相信妳一定見過那些講起話來就比劃個不停的人，也常常對此感到厭煩，那麼什麼才是優美的語言手勢呢？

第一點，就是不要讓人對妳產生厭煩的情緒，語言手勢一定不能太多，不要一講起話來就張牙舞爪的，完全沒有美感。

其次，就是注意妳所用手勢的幅度，不要這邊比劃完，又馬上伸到那邊去比劃。動作幅度太大的手勢，會讓人覺得妳有些做作，而太小幅度的手勢，又會讓人覺得不夠放得開，有些拘謹。

此外，假如不需要手勢的談話，就應該盡量選擇靜態手勢，即不用手勢。反而能顯示妳的優雅與知性。

使用手勢的時候一定要注意，不要刻意模仿他人的動作，每個人的美都是不同的，也不能互換，如果硬拿別人的東西放在自己的身上，可能會破壞妳原有表情的和諧感。

公共場合切忌笑得前仰後翻

妳遇到過讓妳爆笑的事情嗎？當妳遇到令妳爆笑事的時候，妳是如何發洩的？是否會像阿雅一般無論何時都「直爽」地大笑呢？

在公共場所，遇到好笑的事情，妳該怎麼辦？憋著肯定是不行的，一來往往事情太搞笑了是會憋不住的，二來忍著不笑會給妳的身心造成傷害。可是笑得前仰後翻著實會影響妳優雅的氣質。

雖然妳可以找來「笑是世界上最美的語言」來安慰自己，可是笑也分為淺笑、微笑和大笑之分，也要根據當時的情緒而定。妳總不能為了證明微笑是最美的語言，無論到哪裡，見到什麼人，都哈哈大笑吧！

女人開朗的笑總會給人一種愉快的感覺，很容易博取身

邊人的好感。但試想一下，一個女人穿著得體，優雅的坐在椅子上，卻突然間拍手拍腿、前仰後翻大笑起來，頓時便會給人一種極不舒服的感覺，即使是和很要好的朋友在一起，也應注意，不要笑得太開，保持一定程度。

如果真的像我前面所說，妳遇到了讓妳不得不大笑的事情，也要分清場合，在公共場合時，遇到好笑的事情，可以拿一張面紙遮住嘴巴笑，但切記不要笑出聲音。

此外，在開會的時候不要笑，哪怕其他的同事都已經笑得前仰後翻，妳也應保持妳的優雅姿態，「淺笑而止」；同事遇到糗事的時候，不要笑，否則會讓人懷疑妳有「落井下石」之嫌……

笑，是一門藝術，愛美的妳一定時時注意的「笑」，改掉那些不合時宜的大笑，保持妳最完美、最優雅的微笑，讓人們第一眼就能記住妳——這個笑得很美的女人！

心動不如行動，現在就趕快對著鏡子練習，時時注意，秒秒克制，做一個會笑的女人吧！

說話時請注意妳的「音量」

妳覺得自己屬於哪一類女子？豪爽還是溫婉，假如妳的回答是豪爽，那麼，妳覺得自己最豪爽的地方表現在哪裡呢？個性、著裝或是說話的音量？

每天上班，還沒進辦公室，同事們就已經知道妳來了，為什麼呢？因為妳說話的聲音實在是太大了，妳在電梯裡和另一個同事的交談，幾乎整棟大樓都能聽見，於是，妳在公司常常被大家親切地叫做「大嗓門」。

這只是舉了一個小例子，生活中愛美的妳到底是不是大家眼中的「大嗓門」呢？「大嗓門」的習慣給妳帶來哪些影響呢？

第一點，標籤作用。

這個作用對妳來說是利弊難分的，一般情況下，人們可以在三丈之外，一聽聲音就知道妳在不在。當妳的公司同事找不到的妳的時候，只要側耳一聽，便知妳身在何方了。

第二點，「焦點」效應。

假如妳是個大嗓門的女生，走到哪裡，說話的音量都是大得出奇。無論是在地鐵上談論最近的美膚心得還是接電話，都會「吸引」無數人的目光，不過這目光中大多隱含著「嫌棄」的意思哦！因為，妳這種高分貝的音量常常會影響到周圍的人，所以

妳在人們心中常常被標上彪悍或者是素質不高的標籤。

穿著美麗的妳怎麼能讓自己在別人心中留下素質不高的印象呢？因此，愛美的妳一定要在生活中注意自己的「音量」，切不可成為「菜市場」大嬸一族（因為，在菜市場買菜的大嬸，為了降價常常會扯著嗓子和小販喊或是說人家的家長裡短）。

聲音是妳的一張名片，人們看不到妳的時候，音量、音調乃至音色決定著人們對妳的評價。聲音是妳與生俱來的「樂器」，它是妳穿越他人靈魂的旋律，美與不美，完全掌握在妳自己的手裡！

不知道愛美的妳有沒有看過《窈窕淑女》這部電影呢？電影主要是講述一個賣花的鄉下女孩轉型成為貴夫人的故事。而故事中，這個鄉下女孩改變自己的第一步就是從語言開始的，她在留聲機上一遍又一遍地訓練自己的音量、語速、音色……，之後才是修行向上的改變與設計。

聲音是妳的能量，它能夠響應妳身邊的人。溫柔的聲音，能夠讓人很快地對妳產生依賴感；甜美的聲音，會使人樂於與妳交往……女人可以從聲音中獲取更多的魅力。

聲音是一個人無法複製的個性之美，它傳遞著妳的情愫。身為女人的妳，一定要懂得聲音的重要性，並努力調整並改變，力求聲音的完美性，妳會發現，妳的生活原來竟是這麼的「五彩繽紛」！

透過妳的聲音，我們可以細細地去品味妳的生活品味和生活的軌跡。生活中，不少男人都會因為一個女人的聲音而愛上這個女人，因為他們常常會在女人優美的聲音中感受到無與倫比的快樂。

現在的妳是不是也心動了呢？是不是已經迫不及待的想要擁有自己的「美聲」呢？下面就給愛美的妳介紹兩種速成「美聲」的練習方法，祝妳早日擁有魅力的聲音。

練習1：改變聲音的第一步，就是要清楚的認識自己的聲音，知道自己的聲音中的短處與長處。首先，妳要用錄音工具錄一段自己所說的話，然後反覆去聽，仔細感覺語速、音量及音色，找出不足與長處，不足改之，長處堅持之。

練習2：如果妳對自己的音色不夠滿意的話，則可以去購買一些語言修正光碟片，照著光碟片上的發音練習即可。

以上練習時間以30天為一個週期，相信30天後的妳，一定能獲得令妳滿意的效果。

如何恰當地表達妳的憤怒

妳多久沒有發怒了？有些時候，妳感到抑鬱是因為妳壓抑了太多的憤怒。妳習慣用這樣的方式來對待問題，把別人犯的錯誤，強加在自己的身上，為了避免人際糾紛，妳常常承擔了太多本不屬於妳的事情。

壓抑的時候，妳只能向自己尋求解決的辦法，那個曾經驕傲的美麗女人也會對著鏡子對自己說：「好吧，是我的錯，我很差！」

如果，妳還在這樣做。請立即停止吧！壓抑的心情提醒妳，妳真的憤怒了，妳能做的是恰如其分的表達妳的憤怒，而不是隱忍。

恰如其分的表達妳的憤怒，不是叫妳去與別人爭吵、打架，而是換一種方式讓妳的不滿情緒得到宣洩。表達一次憤怒，天不會塌下來的！

如果實在不能直接將憤怒宣洩出來的時候，妳可以找來一瓶礦泉水，將自己心中所有的壓抑與不愉快全都對著裝滿水的礦泉水瓶喊出來，再將瓶子裡的水倒掉，過一會兒，妳就會發現妳的心情舒緩了很多。實在不行，妳就找個抱枕對著沙發用力的捶打或是聽搖滾音樂。

不同的人對憤怒有著不同的處理方法，如果妳是「點火就著」這一類型的人。妳常常會因為一點小事就和朋友、同事……不考慮時間、地點、場合的就亂發脾氣，這樣的宣洩方式常常會給妳帶來很多麻煩，甚至讓妳成為別人眼中的「母夜叉」。

擁有這種個性的妳，通常在生活中是屬於絕不允許自己吃虧的類型，由於妳的忍耐力很差，這導致妳常常處於遇事就行動的類型，給妳的生活帶來了很多麻煩。

對妳而言，恰當的表達自己憤怒最重要的辦法就是「抑制忿怒」。

但如果妳是過於壓抑憤怒的人，那麼，妳恰當表達憤怒的最好辦法就是適當的宣洩。

這樣的妳，在外人看來是一個懂得顧全大局、溫柔的好女人。然而妳的外表雖能矇蔽別人的眼睛，但是妳的心卻不能，妳長期過分的壓抑導致妳的內心早已如同一口沈默的火山，不是不「爆」，是時候未到。

這樣長時間的隱忍，會讓妳的心理健康嚴重受損，更有可能演變成一場非常嚴重的「大爆炸」。此時的妳，就需要一種名為憤怒轉移的療法，來宣洩妳心中的不滿，既不會讓妳丟掉淑女的模樣，也能維持妳的身心健康。

憤怒轉移療法在日常生活中非常常見，甚至就發生在我們的身邊——比如，在辦公室裡受了氣的丈夫回家後，將憤怒轉移給了自己妻子，受了委屈的妻子又將憤怒轉給孩子，孩子受到了母親的批評後，心裡感到非常難受，於是又踢了院子裡的狗一腳，莫名其妙挨了一腳的狗，冒著一肚子的火跑到大街上咬傷了路上的一個行人，而這個

行人正好就是在公司裡給丈夫氣受的主管。

這個故事多少可能帶有些喜劇色彩，但是生活卻與之相似，在這個女人追求感性的世界，如何適當地表達心中的憤怒，處理好人與人之間的關係，對處於社會中的妳來說尤為重要。

它不僅會影響到妳在社會中的地位、人際關係等，還直接關係到妳的身心健康，那麼，怎麼不失優雅的恰當表達出妳的憤怒呢？

首先，聰明的妳一定要先保持冷靜，並判斷出讓妳憤怒的真正原因。

找出原因後，不要一味的將憤怒壓抑在心裡，但是還是那句話，淡定！一定要保持冷靜，不要意氣用事，而是應該仔細想想妳究竟該怎麼做。

如果妳得出的結論是找人理論，弄個明白，也一定要選擇好恰當的時間和地點，並且讓對方瞭解妳的意圖，不要出其不意的讓對方出醜，引起對方的反擊，使自己處於弱勢。

身為女人，最忌諱給人留下小肚雞腸的感覺，因此，妳在與對方爭論的時候，千萬不要一味翻舊帳，都是過去式，何必沒完沒了地說呢？

身為女人的妳，時刻都要對自己說：「保持優雅！」恰當的表達妳的憤怒，要對人不對事，妳在一開始的爭論中可以多用一些「我覺得……」詞句，並且耐心地聽對方的答覆，即使對方可以隱瞞什麼或是故意避而不談，妳也不要立即翻臉，而是應盡量讓對方回答妳的問題，最重要的還是冷靜、冷靜，保持冷靜！

無論什麼時候，妳一定要懂得尊重對方，俗話說得好，尊重別人就是尊重自己嘛！

最後，聰明的妳要知道見好就收，適可而止，表達完自己的憤怒後，該結束時就應立即結束。

怎樣做個PARTY女王？

妳想成為眾人眼中的派對女王嗎？妳想成為每年一次的派對女王呢？

如果妳不甘平凡，那麼就趕快來加入女王一族，為自己的生活加分吧！

在溫馨浪漫的兩人世界

裡，在閃著鐳射燈光的慢搖潮流漩渦中，在觥籌交錯的親朋宴席上……妳希望所有的人都為妳驚訝、歡呼嗎？妳希望妳成為所有人談論的焦點嗎？那麼，請與我一起來做一個派對女王！

閃爍小禮服讓妳從裡到外散發迷人的光芒！

身為女人的妳一定也幻想過自己能夠成為受人關注的萬人迷——任何地方，只要妳一現身，所有人的目光立即都會聚集到妳一個人的身上。

如果妳厭倦了那些毫無新意、刻板的禮服，那麼就為自己選擇一款閃著鑽石光芒的鑲著水鑽與小寶石的禮服吧！它一定會讓妳眼前一亮。

閃光的水鑽會將妳的氣質襯托得更加迷人，讓妳進入一種只屬於女人的夢境！

如果妳的身材略微顯胖，那麼，妳在挑選閃亮禮服的時候，應盡量避免選擇淺色系的，而是應多選深色系的，以增加「收縮」感，更好的修飾妳的身形。

黑色小裙，永恆的經典，永恆的韻味！

經典的小黑裙，一直是派對上的話題，如果妳不怎麼會選派對禮服，那麼黑色的小黑裙一定是首選，它無論場合、地點……絕對是名副其實的百搭款式。

但是，需引起注意的是，由於黑色是百搭款式，所以選擇黑色小裙時也可能陷入「撞衫」或者是「石沉大海」的狀況。因此，如何讓妳在「人潮」中脫穎而出，選擇黑色小裙就成了非常重要的事。

妳平時是一個淑女的人嗎？妳總是穿著那些平平凡凡的套裝嗎？趁著這次老同學聚會，拿出自己的另一面，做一個有些瘋狂的女人吧！除去了淑女的面紗，妳剩下的就只有性感了！

Party Animal不是每個人都能自稱的，妳必須得讓自己擁有四件東西——勇氣、人氣、體力、眼力。

妳要勇於嘗試，絕不會因為害怕失敗就墨守成規，妳不一定要人見人愛，但一定不能惹人煩，在時尚潮流面前妳從不覺得疲累，妳對時尚潮流有著自己獨到的見解，且見解的確很時尚……

沒有女人不希望自己成為一個完整矚目的焦點，妳自然也不例外。炫麗的鎂光燈下，妳穿著優雅的禮服，高貴的氣質盡顯無遺，女人們向妳投來嫉妒又羨慕的目光，男人們向妳投來讚美與欣賞的目光。

尚處單身的妳也可以藉此機會為自己挑選一位白馬王子……那麼，為了邂逅這麼

一段美妙的時光，妳要做哪些準備呢？

最重要的一點還是禮服的選擇，妳一定要在每次聚會之前都幻想著自己穿上一件華貴不失優雅，時尚不失女人味，能夠盡顯妳玲瓏曲線之美的禮服。雖然穿著這樣禮服的機會對妳而言也許並不算多，但卻是妳衣櫥裡的必備之物。

生活中，妳常見的禮服一般分為晚禮服和小禮服，晚禮服顧名思義就是適合在晚上穿著的，等級比較高，也很有奢華的感覺，大都以上好的布料配上水鑽、珠寶等飾物做成的，款式具有固定性，生活中穿著的機會並不多。

晚禮服主要是強調女人高貴氣質，故一般都有長長地裙襬，將女人的嫵媚動人高貴的氣質盡顯無遺。

與晚禮服相比，小禮服就顯得實際得多，無論是公司的年會、朋友的聚會，都可以穿著，小禮服的剪裁比較簡單，但顏色與樣式卻比較多變，很具潮流感，搭配上與妳氣質相符合的飾物，簡潔、大方又不失時尚。

此外，愛美的妳還要注意禮服雖與性感一詞息息相關，但是性感不是裸露，在大場合不小心走光就不好了，不僅自己顏面大失，還會給人一種輕薄的感覺，必定會為妳的魅力大大減分。

選擇適合自己的禮服，要與妳的身高、體型相符合，年齡、身材也是重要的依據。如果妳已經是一個成熟的女性了，那麼妳最好選擇一款顏色較深能夠顯示出妳成熟、穩重的禮服；如果妳還是一個青春、活力的女生，則可以選擇一些顏色鮮豔，款式多變的禮服。

另外，完美的禮服裝扮與妳的妝容、配飾也是息息相關的。由於禮服具有較為裸露的特點，因此，配飾就是禮服裝扮中不可或缺的一個重要環節，妳可以利用配飾的質感和造型更好的修飾妳的身材。

包包是宴會中女人最愛不釋手的飾物，它的功能早已不再是放置東西那麼簡單了，它已經成為了女人相互攀比的一種潮流的象徵。所以參加的宴會的包包款式一定要非常的時尚靚麗，一般以漆皮材質為主。且細心的妳千萬不要忘記在包包內放置一條小手帕，以備不時之需！

紅酒禮儀須知道

妳想做個全方位美女嗎？正如一首歌詞中所寫那樣——「什麼正面側面背面，追求完美弧線再現」，如果妳認為爭辯背面、側面只是身體，那麼妳就大錯特錯了。妳也可能遇見過這樣的事情，一個穿著漂亮華貴很有氣質的女生拿著一個漂亮的紅酒杯，

正在品酒，但一開口卻讓人對她的好感大打折扣。

於是，聰明的妳慢慢明白了，一個「全能」的女人，才能算是一個美麗的女人，這就需要妳由內而外，注重生活中的每一個小細節。細緻的女人最有魅力，也是最讓人回味無窮的！

優雅的女人離不開紅酒，紅酒可以滋養女人的美，可以提升女人的品味，因此，愛美的妳一定要掌握有關紅酒的基本知識，以避免約會的時候貽笑大方。

坐在餐桌前的妳，一定要讓妳的背部成一條直線，切不可太過放鬆全身倚在椅子的靠背上。雙腳放鬆垂下，與椅腳保持平行，手肘不要放在桌子上，有些女生喜歡用雙手支撐著自己的頭趴在餐桌上，這種姿勢是非常有失優雅的，也不要隨意擺弄桌子上的餐具。上菜之前最好就是安靜的等待或是與朋友們小聲的聊天。

可愛的女生注意了，紅酒不同於其他的酒類，千萬不要吸著喝，應該將杯子傾斜，讓酒自然流到嘴裡，在喝之前也可以輕輕搖晃杯中的紅酒，讓它與空氣充分接觸，增加紅酒的香醇口感，但是切記要力度均衡，不要一下重一下輕，將紅酒濺到酒杯外。

喝紅酒的時候，妳還要注意：切忌一口氣將杯中的酒全部喝掉，也不要一邊端著酒杯一邊說話或者吃東西。

此外，也不要塗味道過重的香水，這樣會破壞掉紅酒的香味，也會讓妳身邊的人感到反感。

在妳飲酒時，無論妳塗的是口紅還是唇彩，都應用身邊的餐巾輕輕地擦掉，以免將唇印留在酒杯上。

除此之外，想要成為有品味女人的妳，一定要懂得一些紅酒知識，最基本的就是品酒。

品酒是最能表現女人優雅的動作，因為紅酒與女人天生就有著不解之緣。

受西方文化的影響，最初上酒時都會讓點酒者品酒，而當餐桌上有女士的時候，一定會選擇讓女士先品酒，試想一下，倘若選中了讓妳品酒，而妳對品酒的知識卻一無所知，更甚者再弄出點笑話，豈不是貽笑大方？

妳會品酒嗎？如果妳的答案含含糊糊，那麼趕快過來充電吧！讓自己成為一個優雅的紅酒女人。

品酒一共分為三個步驟：觀、聞、品。

妳要掌握的第一個步驟就是觀，觀的意思，就是看。

當服務生將紅酒倒好後，妳應拿起杯腳，讓紅酒對著光源，並將酒杯傾斜45度角進行觀察，酒和杯子相交的位置會有一層水狀體，水狀體越寬表示紅酒的酒精濃度越高，不同顏色表示紅酒不同的酒齡。10年以上的紅酒，會呈現出棕啡色，透明度越高說明紅酒越好，當紅酒的顏色呈橘紅色時，則表示該紅酒已經過期了。輕輕地搖動杯子，觀察酒從杯壁流下來的速度，酒越黏稠，向下流的速度越慢，說明酒的品質越好。

妳要掌握的第二個步驟就是聞。同樣把杯子傾斜45度角，讓杯口貼近鼻子，仔細聞杯中紅酒的香氣。一般妳能夠在好的紅酒中聞到非常多的味道，如：果香、香草味、黑加侖味以及橡木塞子的味道，但假如妳只聞到一種酸腐的味道，則說明紅酒已經過期壞掉了。

最後一個環節，也是最重要的一個環節就是品，喝紅酒要慢慢地喝，不能像喝啤酒一般牛飲。紅酒送入嘴中後，應該在舌尖上打兩個轉，如果口中有苦澀的感覺，那就證明杯中的紅酒單寧含量太少，不能算得上好酒；但假如入口圓潤、回味悠長，則說明杯中的紅酒各個因素均已達到均衡，是很不錯的紅酒！

此時，妳就可以淡雅地一笑，輕輕地舉一下杯子示意非常不錯，當所有人都品嚐到妳試過的酒後，他們一定會對妳刮目相看，因為一個懂得品紅酒的女人，必定會是一個懂得享受生活的品味女人！

纖長的手指間是一個漂亮的水晶酒杯，裡面盛載著清香撲鼻的紅酒，此時的妳只需要淡淡地品，輕輕地啄，甘甜的紅酒香氛與妳的優雅相互呼應、恰到好處。

音樂緩緩響起，屬於妳的宴會如期而至，今夜，妳想做哪一種高貴的公主？

lesson 2

品味，屬於女人的「味」、「道」

如何做個有品味的女人？

在熙熙攘攘的人群中，妳是否就是那個回頭率超高，總是光彩照人的女人呢？妳具有著讓人一見難忘的氣質，妳的與眾不同，讓很多人心甘情願的撞在電線桿上也不願將視線從妳身上移走一寸。不要覺得我說得過於誇張，這就是品味的魔力，美麗的妳只要掌握了品味的魔力，一定能成為萬眾矚目的焦點女郎！

這麼說吧！如果妳是黃金，那麼品味就是妳的「含金量」，如果妳想要做一個由內而外散發美麗的完美女人，一定不能忽視自己的品味。沒有了品味，即使妳生得再美，也只能成為一件毫無吸引力的「藝術品」，「參觀」妳的人，僅僅是看過則罷，絕不會有「深究」的願望。

反之，即使妳不是天生麗質的類型，妳那獨特且給人舒服之感的氣質，也會讓妳輕鬆成為眾人的焦點，如美麗的花朵般綻放在「叢」中，四季交替，花謝花來，唯有妳這朵香襲魂魄，永不凋謝！

品味是那種無形勝有形的東西，它反映在妳日常生活的每個細節，著裝只是彰顯妳品味的千分之一，還有很多很重要的小地方需要妳去注意、去培養。

試想一下，美貌的妳，穿著動人的公主裝，在裝飾非凡的法式餐廳，卻聽見妳爆粗口，那些剛剛還在偷窺妳、在心裡讚嘆妳的美麗的男人們，此時早已臉色鐵青，昏暈了。

身為女人的妳，要知道一點，妳不是因為漂亮而美麗，而是因為獨具個性的品味而充滿魅力，妳要擁有的是一份恬淡與安然，讓人一下子就能看出那種妳特有的品味。

說了這麼多，那麼，妳究竟屬於哪一種品味女人呢？又該怎樣來培養與妳氣質相符的動人品味呢？

首先，妳要學會享受生活，千萬不要以為只有多金女才能享受生活，其實收入一般的妳一樣可以輕鬆地享受生活帶來的愜意。

面對生活中的無奈與慌張，妳要擁有一顆「逃離」的心，學會忽視，不理會那些令妳煩心的事，等到心平氣靜的時候，再去思考解決的辦法。

品味要拿捏有度，品味女人也是人，妳不要單純的認為品味就是冷豔，冷到極點便就自然而然形成了品味。其實不然，有生活感的品味女人才是最吸引人的，妳無需

刻意做出冷漠的態度，完全按照生活化走，沒事的時候做做飯，聽聽CD，寫一篇心情文章，畫一幅自己欣賞的畫……

諸如此類，生活中處處充滿著品味，只要妳留心去做，妳就能擁有這些極具生活感的品味，成為最具吸引力的女人。

用品味做妳的底妝

妳知道什麼是優雅嗎？名牌的服裝、精緻的妝容，這些都不足以詮釋女人的優雅。但是當妳見過蒙娜麗莎的微笑後，妳就會知道優雅是一種來自靈魂深處的「感動」，它可以穿越時間、空間，印在所有人的記憶中，看過那幅畫作，也許沒過多久妳會忘記蒙娜麗莎的樣貌，但是絕對不會忘記她那優雅的神態和迷人的微笑。

如果妳還站在優雅的大門外，那麼現在就馬上抬起妳高貴的腿走進來，成為眾人皆愛的優雅女人吧！不管是男人還是女人，他們都無法忽視妳的存在，都不能不被妳的優雅所征服。曾經妳可能也抱怨過：上天總是不夠貼心，祂不能將婀娜的身材和漂亮的臉蛋同時賜給妳。但是妳是否知道，就如同想要上大學就得要努力用功一樣，想要成為一個十全十美的優雅女人，同樣是需要後天不斷努力的，上天很貼心，因為祂給了妳自我改造的機會，讓嫉妒妳的女人輸得心服口服。即使她們能追趕得上時髦的妳，花大錢去「入流」，卻無法模仿妳優雅氣質，只能乾著急！

那麼，妳認為什麼樣的女人才是優雅的女人呢？也許，妳曾經這樣想過，嫁個好男人，從此以後大門不出，家事不做，唯一的任務就是花錢，衣食無憂，在豐厚的物質條件下，妳自然就會變成一個優雅的女人。其實並非如此，妳的優雅絕不是靠物質就能夠堆積出來的，不過不得不承認，優雅的生活與物質條件也是存在一定關係的。

妳想知道一個女人是否過著優雅的生活，妳首先要問她，妳的經濟能力是否能夠為她製造幸福？畢竟，我們也不能要求一個連基本溫飽都不能維持的人還去追求優雅的生活。優雅的生活應該是妳真實的生活，是不能捏造，不能偽裝，不過假如妳能偽裝一輩子，且以此為樂，那就另當別論了。

妳的優雅必須是從生活出發，不能搭建在別人的「圖紙」之上，不要覺得某某的生活很優雅，妳就抄襲過來，做他人生活的複製品。其實，說了這麼多，優雅也就是妳的品味、妳的內涵，它取決妳的個人知識水準，取決妳的社會認知。妳只有不斷的提升自己的涵養，才能逐漸向優雅靠近，換言之，品味提升了，妳優雅起來才能更加自然。

優雅生活不是奢侈的生活，它不是表現在妳有多少名牌，而是表現在妳的個人素

質之中。

妳所要做的就是耐心的累積，對妳而言，這是一個爬樓梯的階段，一步一步，一個臺階接著一個臺階，有時會很慢，但是當妳回首時，妳便會發現一切都是值得的。

內涵是品味女人的基礎，它不是虛無縹緲的東西，它對妳而言，應該是一種象徵，什麼象徵呢？如果妳僅僅當作是身分和財富的象徵那就大錯特錯了，品味說明不了妳的生活地位，但是它卻能提升妳在他人眼中的位置，一個有品味的女人，即使沒有華麗的衣服、名牌首飾和跑車，她一樣是「富有」的。

妳的優雅品味應該文化與經濟之間，以經濟做為基礎，文化內涵做為妳的能量。

當妳成功將優雅轉化成為一種品味後，妳一定會為眼前的自己大吃一驚，此時的妳看上去是那麼的成熟、穩重、溫柔且美麗。妳的每一抹笑容，每一個眼神都是極具殺傷力的，妳會發現女人看妳時眼中充滿了嫉妒與羨慕，而男人看妳時眼中卻盡是愛慕之情。那些，曾經被妳打入冷宮的衣服，此刻再次穿在妳的身上，卻顯得那麼華貴、脫俗……

如何讓美麗光彩煥發？

妳一定聽過這樣一句話：「女人不是因為美麗而可愛，是因為可愛才美麗」，同樣的道理，妳也絕對不會因為漂亮而美麗，漂亮與美麗之間有著微妙的差別，漂亮總會隨著時間的推移而慢慢變少，而美麗卻會隨著妳的閱歷、修養而不斷增多。所以，聰明的妳要懂得做一個美麗的女人，而不是一個稍縱即逝的漂亮女人。

幼年時的妳，照著鏡子，看到鏡子中不完美的臉龐，妳可以埋怨妳母親，因為她沒有給妳一張足以打動所有人的漂亮臉蛋，但是如今的妳，照著鏡子，卻依舊不滿意自己的容貌時，妳只能怪妳自己。因為在漫長的歲月裡，妳忘記了「修飾」妳的容貌，忘記了美麗才是女人最終要到達的彼岸。

漂亮的容貌只能承認別人眼前一閃而過的「風景」，但氣質卻可以成為人們對妳過目不忘的「法寶」，妳的氣質會掩蓋住妳的不完美，它會讓妳比漂亮的女人更具有吸引力，在不經意間散發出妳無限的魅力。

聽了這麼多，愛美的妳是否也已經心動了呢？現在就開始，「合身養性」做一個美麗女人吧！

首先，妳要知道美麗的女人必須要具備的要素：這包括榮辱不驚的淡然；「宰相肚裡能撐船」的包容（包容也是因事而異，有些不能大度的時候，還是要保留女人特

有的小心眼），犀利的眼神和聰明的大腦；不必滿腹經綸，但也要才華出眾的知識底蘊。只有做到這些的妳，才能算是一個美麗的女人。

現在讓我們掀開面紗，看一看「休養生息」後的妳會是怎樣一個美麗女人呢？妳的容貌美麗、氣質優雅、膽量過人、智慧超群。妳可能因此成為一個專欄女作家、文學部落格達人……妳可以跟著考古隊來到傳說中的神秘地帶，無所畏懼，只為尋求出真理；妳可以成為時尚設計師，潮流的定義掌握在妳的手裡；妳也可以遠赴國外，去到那些需要的地方，做一名聯合國醫生……美麗的妳，無論從事哪一個行業，都是一個令男人汗顏的巾幗型女人。

妳邁著輕快的步子，從咖啡店的櫥窗前走過，但妳美麗的倩影、淡然的微笑和堅定的眼神卻印在了櫥窗另一邊不經意看到妳的人的心上。

在此之前，妳是否也覺得美麗是需要外在的東西來裝飾，就像是購物廣場附近的時尚女生手裡拿的各式各樣的名牌包包；閃耀著鑽石光芒的首飾；前衛新潮的衣服……彷彿只有這些才能將一個平凡的女人妝點得楚楚動人。殊不知，那些只是過眼浮雲，真正能讓女人越過年齡的羈絆而展現出妳的美麗的「東西」是妳的氣質。

現在的妳，不要再猶豫，更不要抱怨自己生得不夠漂亮，因為妳已經知道了，怎樣做能讓自己更美麗，趕快行動吧！

「邂逅」與生俱來的風情

妳總是在生活中擺出一副咄咄逼人的樣子，讓男人覺得妳毫無風情可言嗎？如果哪一天，有一個人對妳說，「妳是個沒有風情的女人！」妳會不會柳眉倒豎、將眼睛瞪得圓圓的，憤憤不平地辯駁：「現在的時代不用了，我有能力追求自己的生活，有足夠的經濟能夠買我要買的東西，那麼，我幹嘛還要對某個人百依百順，擺出一副可憐兮兮的『弱者』狀？」

這樣的話，完全沒有問題，且身為新時代女性的妳，就應該懷有這樣的抱負與理想，但是值得注意的是，妳口中的「弱者」並不是我所講的風情。

妳知道何為女人的風情嗎？女人的風情絕不是電影裡那些濃妝豔抹的女人，也不是紅樓夢中那弱不禁風的女子，而是含蓄、優雅帶著嬌羞性感的女人。

風情不會影響到妳獨立的生活，不會讓妳成為生活的弱者，然而會成為男人眼中「女神」級的人，這樣的妳，天生就對男人有一種輻射力，讓他們對妳無法抗拒且不敢輕易靠近。

我記得我曾經看過一部無聊透頂的電影，但卻深深地記住了電影裡意味深長的一句話：「我不漂亮，也沒有很多錢，但我懂得愛。」這是電影裡的女主角在結尾處對男主角說的。在我看來也是整部電影的精華所在，散場後，我詢問一同觀看的男同

事，「你喜歡這部電影嗎？」他笑了笑說：「喜歡，那個女人風情萬種！尤其是她說的最後一句話：『我會愛。』妳不覺得很美嗎？」

而我想要告訴那位男同事的是，那個女主角一點都不美，她沒有精緻的面容，沒有婀娜的身材，可是卻有著一種會令男人過目不忘的風情。

有些時候，妳也許總是錯誤的認為，風情的女人一定得是一個漂亮的、會展露可人媚態的女人，實際上，真正的風情是應該表現在妳的涵養上。

做一個風情的女人吧！不是為了吸引某個男人而做，只是為自己，除非妳是一個天生與美有仇的人，否則妳怎麼能錯過變美的機會呢？

妳為什麼要做一個風情的女人，因為妳嚮往美麗、妳渴望成為他人眼中賞心悅目的女人。妳不必一味的把自己裝扮得如同男人一般強大，有時候剛剛好的柔弱才是妳美麗的泉源。妳的獨立、堅強固然重要，但如果這些特質掩蓋了妳的女人味，便會給人一種「畫蛇添足」的感覺了，除非妳甘願做一個無人問津的「假小子」。

風情與世俗的妖媚截然不同，前者表現在女人的內在美，而後者表現在慾望之上。

妳想成為哪一種女人？別再猶豫，現在就去邂逅那屬於妳的風情吧！做一個有內涵的「極品」女人吧！

不要過度講究品味

品味決定著一個女人是否具有獨特的魅力，於是，越來越多的女人便加入瘋狂追逐格調和品味的行列之中，愛美的妳是否也是這龐大「部隊」中的一員呢？

妳覺得怎麼樣才能做一個品味女人呢？是不是也格外的羨慕和嫉妒那些可以和妳滔滔不絕談論時尚名牌的女人，覺得只有去過法國巴黎、旅行過愛琴海；包包裡裝的都是香奈兒、迪奧；手上戴著南非鑽石戒指；喝酒只喝88年以前的威士忌……用著所有名貴值錢東西的女人才算是一個品味女人。

愛美的妳也免不了幻想自己在某個時候，也能高談闊論的與他人討論名牌服飾，炫耀身上佩戴的項鍊價值不菲，精心策劃一場國外十日遊。下午茶的時候，也會談談文學、藝術，比如妳覺得什麼書有內涵，哪一個畫家的畫拍出了天價，妳要去聽的一場交響樂……妳所談論的這一切都令妳在眾姐妹面前感到無比的驕傲與自豪，因此，妳認為擁有這些就能成為一個令人羨慕的品味女人。

在妳看來品味真的就這麼簡單嗎？答案當然是：NO！品味不是簡單的品牌堆積，品味也要講究適度，如果妳表現得過於造作，那麼品味就變成了一種世俗的賣弄，不但不能提升妳的魅力值，反而會給人一種極不舒服的感覺。

亦舒說：「真正有氣質的淑女，從不炫耀她所擁有的一切，她不告訴人她讀過什

麼書，去過什麼地方，有多少件衣服，買過什麼珠寶，因為她沒有自卑感。」

想要成為品味女人的妳，要知道，品味不是用金錢累積起來的，漂亮也不是天生的，只要妳後天會打扮自己，身上不一定非是名牌，貴在適合妳。

妳還應該知道，品味是建立在健康、快樂之上的，妳的身材不一定非要「35、24、35」，容顏會隨著時間慢慢老去，但請保持妳的心永遠年輕，妳要不停地充電，但也絕不是讓妳在公共場合朗誦西方古典文學，知識是由內而外累積的，不是外在的、浮誇的堆積……

現在的妳一定迫不及待的想知道，怎樣做到拿捏有度的品味吧！

生活中的妳，不要過分顯示自己，無論是妳的學識、衣著還是妳的財富，因為一個真正有品味的女人，從來就不需要透過炫耀來讓自己充滿自信，她們本身就是自信的化身，即使她們擁有的東西很少。

工作中的妳，不要總是一副居高臨下的強勢姿態，因為真正有品味的女人，會讓人們從心裡佩服她，而不是讓人敢怒不敢言，會是不想言。

聚會中的妳，一定要選擇好適合自己的禮服，不要一味貪圖樣式和價位，就把自己裝扮成一塊「鑲著鑽石的金條」，也不要總是提著一副不可一世的腔調，斜著眼睛故作矜持的品著紅酒。品味的女人不是冷傲的化身，她們有時也會主動去與人大方的交談，回人友好、迷人的微笑。

品味是女人們嚮往的終極目標，但是品味也是有其限度的，妳在這個限度內，品味會讓妳魅力四射，但若是超過了這個限度，品味只能讓妳顯得很做作，有種過於「騷首弄姿」的感覺！

至少掌握一道拿手好菜

妳是一個會料理的女生嗎？妳是否堅持即使不會烹煮那些山珍海味，至少也有著自己的拿手小菜；還是覺得認為在家不用烹飪，從來沒料理過，所以就應該不會烹飪，也不用學著烹飪。

但是，妳知道嗎？那麼漂亮迷人、衣著光鮮亮麗、收入不菲的ＯＬ業餘時間都在做什麼？烹飪美食給自己吃。在她們看來最好的享受就是吃自己做的東西，最有品味的事就是做東西給心愛的人吃，她們享受下廚房的感覺，喜歡自己穿著圍裙精心烹製美食的樣子。

而又有幾個男人能抗拒那些站在廚房精心為自己烹製美食的女人呢？

但是身為新時代獨立女性的妳，也難免會產生這樣的疑問，都男女平等了，妳何

必還要為某個男人下廚房呢？再說他賺的錢能夠讓我每日去外頭的餐廳吃，妳何需冒著油煙在廚房「奮戰」呢？

但問題是，「平等」不過是一個口號罷了，生活中的妳難道不是深有體會嗎？

如果妳是絕對獨立收入頗豐的單身一族，那我暫且不說，如果妳是一個嫁為人婦已婚女性，不會做飯和會做飯對妳來說，就會是兩種截然不同的結局。試想一下：妳忙碌了一天的老公，由於路上塞車，晚回來了一個小時，這時穿著圍裙，手拿著鍋鏟的妳指著他的鼻子問道：「你上哪去了，我在家做好了飯等你吃飯呢！」或許他會有些無奈的向妳解釋：「親愛的，我……」

但如果妳穿著睡衣、漫不經心的換著電視頻道，一邊吃著水果一邊問道：「你上

哪兒去了，都快餓死了，等你回家做飯呢！」那麼，假如他的血液溫度還在的話，他肯定會丟掉手裡的包包，同樣大聲的對妳說：「老子不是給妳做飯的！」然後頭也不回的走進臥室上床睡覺了。

這樣的結果肯定不是妳想要的吧！男人通常會覺得只有那些肯為他們下廚房的女人才是愛他們的，所以為了表達妳對男友或老公的愛意，妳也得下下廚房，男人會努力賺錢來實現愛妳的承諾，但是妳該怎麼樣表達對他的愛呢？最直接、最現實的，就是為他做一餐可口的美食，如果妳連飯都不會做，那這個男人便會懷疑妳是否真的愛他，在這樣的疑慮之餘，他也免不了去羨慕那些找了一個會做飯的好老婆的同事們。

如果妳尚在暗戀期間，那麼，最好的表白方法就是親自下廚烹飪出一桌可口的大餐，並邀請妳心中的他一起與妳共度晚餐，相信那一定會是一個浪漫的夜晚！

用看電視的時間去看一本書

妳希望自己成為一名優雅的知性女人嗎？妳希望舉手投足間都散發著令人神往的氣息嗎？那麼，從現在起，用看電視的時間去閱讀一本書吧！

現實生活中，妳不難發現，一個女人僅僅擁有高貴的外表是不夠的，她需要更多

來自內在的優雅與品味，而這些優雅與品味靠名牌服飾和一流化妝品是做不到的。

然而一本好書卻可以改變妳的氣質，讓妳趨於完美。

試想一下，僅僅是關掉電視靜靜地去閱讀一本書，卻能讓妳的氣質上升到另一個階段，妳會發現妳變得更富有內涵，也因此在別人的眼中變得更加美麗迷人，充滿活力，舉手投足都充滿著知性女人的「書卷」氣息。

如果妳嚮往知性女人的書卷氣質，又不太能下苦心去練瑜珈，那麼，看書絕對是妳業餘愛好的首選。選擇一本好書，泡上一杯靜心凝神的好茶，享受一段只屬於妳的午後時光，光影斑駁，此刻的妳便是一個暢遊在文字中的精靈。

現在，妳應該知道大街小巷那些氣質別具的「知性」女人並非是天生的，也不是上帝的恩澤，而是靠後天「修練」而成的。

妳要知道，女人的魅力與裝扮有關，但卻來自於智慧、修養。

但現實生活中，有相當一部分女生只注意自己的穿著打扮，卻常常忽視了自己的氣質是否同樣具有迷人的美感。當然，不置可否，漂亮的外表、時尚的裝扮、精緻的妝容的確也是美感的來源之一，但這樣的美卻難免會給人一種膚淺、短暫的錯覺。如果妳是個細心的人，妳就不難發現，對女人而言，氣質才是最重要的，因為它能夠掙脫時間的枷鎖，不受年齡和外表的限制。

一個真正充滿魅力的女人，必定是一個氣質非凡的女人，這種氣質對同性和異性都有吸引力，假如妳也渴望成為這樣的女人，那麼，從現在開始用看電視的時間去閱讀一本好書吧！

一本好書可以改變妳的氣質

經常讀書的女人，有一種精緻的美，她不似鮮花、美酒，卻如同與生俱來般的散發一種淡淡「清香」。

對經常讀書的女人來說，一天之中最快樂的事莫過於靜靜坐下來讀一本好書。當

身邊的朋友都在津津樂道今夏的潮流與搭配的時候，唯有她若脫離凡事一般，靜靜地暢遊在書海之中，漸漸地陶醉、沈迷，不斷地洗滌自己的世界，沒有嘈雜、紛爭、嫉妒，唯有安然！

經常讀書的女人，會生活成詩，無論悲喜，無論困境與否，她們不會輕易抱怨生活，不裝腔作勢，「有種走自己的路讓別人說去吧」的大器之感，總是在不經意間透著一股書卷氣。

經常讀書的女人大都嚮往簡樸的生活，因為那是她們的生活方式。日常生活中，她們雖不會素顏朝天、毫無修飾的就出門，但也絕不會穿金戴銀、花枝招展的招搖過市。她簡樸到即使居住在繁華的都市，也能過得如同在遠離紅塵的鄉村一般，她絕不會向寂寞低頭，她是真正的閒適之人，恬淡而輕鬆！

經常讀書的女人，她們的生活會越來越充滿情趣，她們很少去感嘆生活中失去的與不圓滿，對她們來說，能夠健康的生活，就是最幸福的事。這樣的女人妳大都無法一眼看出她們的真實年齡，因為，她們擁有從容的心態和健康的心境，這就是她們永保青春的「武器」！

綜合上面所述，聰明的妳應該馬上關掉電視，用看電視的時間去看一本好書！讀書對妳來說，是一份永遠不過時的美麗。

「寂寞」是杯「茶」

生活的壓力和繁重的工作幾乎佔滿了妳全部的生活，疲憊的妳，嚮往安靜的時刻，哪怕只是短短十分鐘。

關掉電腦，放一段輕音樂，斟一杯花茶，靜靜地坐在窗前思索，可以將關於人生的、文學的、哲學的或是感情的，讓思緒隨著淡雅的茶香一起飄遠，這一秒鐘的寂寞，是妳難得的享受。

生活在鋼筋水泥的大都市裡，妳是不是常常會感覺自己過得平淡，對待生活的態度也越來越麻木。

這時候，妳要懂得給自己的生活留白，用心的去體會那些難得與妳的寂寞。

「寂寞」這個女人不大喜歡的語詞，卻能夠在這紛繁雜亂的空間裡為妳留下一個清淨的地方，在這裡，沒有做不完的工作，沒有惱人的人情世故，沒有不知離合的感情往事……有的只是安分安然與恬淡，屬於小女人的那份快樂的寂寞。

對每日要投身忙碌工作的妳來說，清閒就像是兒時的旋轉木馬，總是不斷的渴望擁有，卻無法一次獲得。

三十歲以前的妳，要為了三十歲以後做打算，因此，妳終日徘徊在這樣與那樣的工作之間。再堅強的妳，也會抱怨壓力過大，也會感到內心煩躁，也會不知所措，這

樣的問題，妳的朋友幫不了妳，妳的男友同樣手足無措，但是「寂寞」能夠幫妳。

因此，渴望留有清淨時光成了妳閒暇時最大的願望，但是另一方面，妳卻又害怕能夠給妳帶來安慰的「寂寞」。其實，寂寞並不可怕，很多時候，寂寞更像一杯香醇的茶，需要放下所有的思念，心無雜念的去品嚐，方能體會到它的幽香。

寂寞是品味女人的最愛，也許不久後妳也會愛上這難能可貴的寂寞。

寂寞不同孤獨，它不會讓妳感到脫離世界的恐懼，當妳感到疲累時，不妨大膽的關上門窗、手機，隔去外界的喧鬧，一個人獨處，用心去品味屬於妳的寂寞滋味。

妳可以在桌前，放上一個薰香爐，滴上兩滴薰衣草精油，沖一杯抹茶，翻看一本自己想看很久的圖書或是雜誌，感受久違的「寂寥」。

當妳在感到心煩意亂的時候，妳不必再將電話打給男友、好友，尋求那不著邊際的安慰，妳只需要靜靜地，放下手頭上的一切事情，留給自己哪怕只有10分鐘的寂寞去品嚐，剛開始也許它微帶苦澀，漸漸地妳就會嚐到它的甘甜，如「茶」一般帶給妳清新與滋潤。

寂寞過後，妳會發現妳又成熟一點，又自信了一些，因為妳在「寂寞」的時候又審視了自己一遍。

寂寞是杯茶，嚐過以後，妳就能明白那種感受！

保持微笑的表情

有人說過妳微笑的時候最美嗎？如果暫時還沒有，那一定不是因為妳笑得不夠甜美，而是妳笑的時間太少。

女人的微笑勝過這個世界上任何一種絢爛的色彩，微笑的妳就是世界上最具魅力的女人。不要在意妳的衣著不夠時尚，不要苦惱於妳的容貌不夠精緻，因為這些都不足以掩蓋住妳的美麗，微笑吧！妳就是最閃亮的「樂活女王」。

微笑時，人們能從妳身上看到妳的溫柔、妳的性感、妳的嫵媚……當妳微笑的時候，我們看到的也絕不再是那個平凡得沒有焦點的女生，而是一個充滿自信，幸福的小女人。

微笑會掩蓋住妳身上的不

足，讓人們無暇去注意妳的缺點，因此，妳想要成為魅力十足的美女就一定要經常對妳身邊的人微笑。

那麼，生活中美麗的妳該怎樣將妳的微笑展示給別人呢？

當妳開心的時候，妳應該大方自然的微笑，請記住是微笑，千萬不要太過開心而前仰後翻的哈哈大笑，這樣很容易嚇到妳身邊的「帥哥」，讓他覺得妳是個「野蠻」女生，害怕與妳接近。

當妳不開心的時候，妳依然應該微笑對待，試想一下，笑著過，哭著也過，但結果卻會截然不同。傷心難過時的微笑會讓人覺得妳是一個堅強的女人，能夠為妳贏得更多的掌聲和讚美。在這種情況下，妳能更快的趕走壞心情，也不至於成為影響他人心情的「殺手」！

當妳和人發生爭執的時候，不要過早的就橫眉冷對，而是應先報以包容的微笑，只要是正常人看到了妳的微笑，都不會再和妳針鋒相對，敵對的氣氛也在瞬間就被化解了。

當妳受到流言蜚語的時候，切忌不要一副母老虎的樣子，衝過去找人理論，而是嘗試著微笑著一帶而過，既然是流言，總會不攻自破的，何必勞您大駕呢？

身為職場女性的妳，總免不了去見客戶、談生意，這時不要忘記帶上妳的微笑，一定會讓妳的客戶對妳的好感倍增，妳會發現就連原來那些極為難纏的客戶，現在談起來也變得輕鬆多了。妳對人家微笑，即使人家表面上依舊冷冰冰，但是心裡卻早就被妳「融化」了，那生意談起來還會有那麼難嗎？

生活中，妳千萬不要低估了微笑的力量，它比任何一句讚美的話更能打動人心，有了「微笑」這個強而有力的武器，妳就是最美的女人！

如何讓妳的品味與眾不同？

妳是個品味美女嗎？妳的品味是獨一無二還是與眾人相似呢？看著街頭上的美麗達人們都光彩四射，與眾不同，妳羨慕嗎？

如果妳甘心平庸的度過自己「妙齡」時代，不願意成為某種品味趨勢的「複製品」，那麼，現在就開始吧！七個步驟幫妳輕鬆成為品味達人。

照照鏡子，妳是否覺得自己臉油膩膩的呢？想要成為品味達人的第一步，就是讓妳的臉部肌膚看起來乾淨清新，妳的容貌不一定要十全十美，但是妳給人的第一直觀感覺一定得是乾淨的、健康的。

妳的臉是否能帶給人舒服的感覺，美麗只是其一，而最重要則是妳的臉是否乾

淨、清爽。因為，即使是為了節約用水妳也最好不用臉盆洗臉，因為這會導致妳剛洗下去的污垢又重新黏在臉上，無法做到徹底的清潔。妳應該用流動的溫水，配合符合妳膚質特點的洗面乳一起清洗，且維持早晚各一次。

除了乾淨清爽的臉部肌膚能夠提升妳的品味外，藝術也是妳提升品味的助力器。

在家裡的書架中擺上幾本當代藝術畫冊、文集等，在閒暇的時候，配著輕揚的音樂和潤口的綠茶翻閱，既可以帶給妳一份安然與寧靜，也可以拉近妳與藝術和文學的距離，豐富妳的內涵，讓妳成為一個頗富藝術氣質的品味達人。

除此之外，妳也得跟得上時代，雖不是說讓妳一定要成為潮流頂尖上的人物，但相信愛美的妳也不會心甘情願做潮流門外的人吧！

妳生活的周圍處處都存在流行元素，如：髮型、音樂、飾品、服飾……數不勝數。因此，妳要有選擇地跟隨適合妳的潮流時尚，不要盲目跟風，最後反倒落得個「鄉下妹」的稱呼。

妳要懂得如何掌握與潮流時尚間的距離，張弛有度。

有些時候，繁忙的工作與學習常常讓妳一個月甚至數個月與潮流時尚脫節，漸漸的，妳也開始認為即使沒有潮流時尚，妳照樣也能生活得很好，其實，這是大錯特錯的，為什麼呢？因為愛美的妳有著對美麗的無限憧憬，有著想要改變自己成為品味達人的願望，因此，即使再忙妳也得抽出時間去關心妳身邊的時尚潮流、休閒娛樂。

妳可以約三五個好友，一起去逛逛博覽會、購物商場，如果實在沒有時間，也可以一個人在家閱讀潮流雜誌，妳要知道女人的時尚眼光是靠一點一點累積起來的，絕不可能是突發的靈感。想要做一個走在「前端」的女人，妳就要讓自己始終保持一顆極度高漲的「好奇心」！

綜合以上三點，妳已經離一個完美的品味達人越來越近了，為了能夠讓妳的內涵更加豐富，妳必須要掌握一技之長。

試想一下，妳在不經意間的施展，一定會讓所有人對妳刮目相看，無論是廚藝、化妝技巧、外文或是歌唱，隨妳喜歡，隨意選擇，但凡是妳感興趣的事情妳都可以放開膽量去嘗試，女人不怕失敗，就怕沒有嘗試過。

經過以上幾個階段的修練，妳已經離品味達人的位置越來越近了哦！下面就只剩下最後一件事等待妳去完成——修練優雅的儀態。

儀態可謂是修練完美品味達人最重要也是最不容易完成的事，因為同樣的姿態，有些人顯得普通至極，而有些人則能顯得落落大方，讓人覺得很舒服。相信妳一定希望自己成為後者，那麼妳就要注意平時自己的坐姿、站姿等儀態是否標準了。這樣耐心修練以上幾個點，妳一定能成為一個人見人羨的品味達人！

lesson 3

氣質，為女人打造自己的「品牌」

優雅的氣質源於百分百的自信心

妳看過現場版的晚禮服走秀嗎？妳是否常常會對展示臺上的服裝一見鍾情，卻又不敢輕易嘗試，除了錢的限制外，妳更多的顧慮來自於妳的不自信，看著臺上那些光彩照人的模特兒，妳難免會在心裡嘀咕，與她們相比，我一定是穿不出那種感覺的。

而事實上，妳比她們少了些什麼呢？妳有漂亮的眼睛，迷人的眼神，有著敏銳的時尚氣息……可是妳總覺得自己缺少了些什麼，或者是自己的氣質還不夠優雅吧！

漂亮的女孩，優雅的氣質除了後天的修練外，妳還具有一項與之並存的能力——自信。妳必須要相信，假如妳站在臺上，妳會比任何一個模特兒還要閃亮，只要妳願意妳就能穿出妳想要的style。

妳要知道，優雅的女人從不會懷疑自己的魅力，雖然她們並不會在人前炫耀。優雅的女人必定是一個充滿自信的女人，因為她們相信自己有能力去做好所有的事情，即使那並不是一件簡單的事情。

因此，愛美的妳，請抬起妳低下的頭，這次的聚會就穿上妳嚮往已久的那件禮服吧！也許總會有那麼一群不識相的人過來「奚落」妳，但是，請相信那絕對是源自嫉妒，此時的妳，只需要淡然一笑，坦然的從她們的身邊走過，盡情展示妳的魅力即可。

想一想，充滿自信，妳就是派對上的焦點女王，這是多麼振奮人心的一件事情啊！還等什麼，現在就行動起來，去尋找屬於妳的百分百自信吧！

如果妳因為自己沒有姣好的容貌和身材而缺乏自信，不妨從著裝和彩妝上入手，得體的服裝配上淡雅的彩妝，一定可以為妳的美麗加分。

除此之外妳還得調整自己的審美觀，每照一次鏡子就對自己大聲的說一遍：「我是最美的！」

如果妳是天生的羞怯型女生，那麼，妳可以嘗試著多與人溝通，不要害怕拒絕，說不定妳身邊的人，其實一直都渴望與妳交談呢？

不要擔心自己沒有別的女人美麗迷人，優雅源自百分百的自信，做一個自信的美女，做一個優雅的魅力女人！

給自己挑選一首悅耳的輕音樂

女人與音樂的關係總是那麼的微妙，身為女人的妳也總會有幾首讓妳百聽不厭或為之動容的曲子。

音樂豐富了閒暇時的生活，妳也從音樂中獲取了更多的心靈慰藉。有的時候妳因為那或悠揚或動感的曲子而心動，有時則是為了那情到深處的歌詞而動容。

生活中，熱愛音樂的妳，一定會是一個多愁善感的感性女人，而生活中，能夠沈浸在優雅的輕音樂之中，享受音樂樂趣的妳，一定是優雅的品味女人。

對於音樂，妳只要能夠領悟到其中的內涵，能夠從音樂中感到快樂，就已經足夠了，因為真正音樂其實早就印在妳的心裡。

對上班族的妳來說，市面上熱銷的心靈音樂及傳統的古典音樂都是最好的聽覺來源，也是最能修練優雅品味的「聲音」。

在忙碌的辦公室中，在獨屬於妳的私人空間裡，或者用一個簡單的音樂播放器，隨時隨地，妳都可以讓自己沈浸在音樂的洗禮之中，盡情的享受音樂帶給妳心靈上的寧靜與安然！

音樂的品味不是一天就修練出來的，也不是妳強迫自己去聽一些高雅的音樂就達到的效果。它需要妳逐步養成對某類音樂、某種樂器、某位音樂家、某種音樂文化的愛好，用心去聆聽、感悟音樂中那些能夠與妳產生共鳴的旋律！

在選擇音樂的時候，妳的生活機遇、個人情緒、年齡、生活品味都是決定妳會選擇哪種音樂試聽的重要因素。但是為了達到提升個人品味的目的，妳可以有階段性的一步一步提升自己的欣賞口味，比如說一向聽流行音樂的妳可以尋找市面上的純伴奏輕音樂聽聽，慢慢培養妳對音樂的認知，除去了歌詞，妳或許才能更加深刻的感受到音樂旋律帶給人的衝擊力。

但是，妳也不必過於急於求成，毫無準備的就去聽離妳生活很遠的交響樂，整場下來，妳不僅沒有感到身心放鬆，反而覺得格外的煩躁，而臉上流露出的煩躁表情還會降低妳的魅力指數，得不償失！

其實，妳不用刻意去講究什麼欣賞的品味與方式，音樂就是一種私人化的、情緒化的

東西，最主要的還是妳覺得好就好。

試試看，每個清晨拿出15分鐘，靜靜地坐在窗前聽一小段音樂，即使一天的工作再繁忙，相信妳也能夠應對自如。聽音樂時，妳可以為自己準備一個漂亮的筆記本，將妳的所想所悟一一的記錄下來，這將是妳未來人生中最值得回顧的文字。

聰明的妳，應該給自己挑選一首悅耳的輕音樂！

女人不能夠缺少的愛——大愛

「魔鏡魔鏡告訴我，世界上最美麗的女人長什麼樣？」站在鏡子前的妳，是否也萌發過要問這樣問題的衝動呢？

無論是在童話世界裡，還是在現實社會中，美麗永遠是女人最終的願望！

女人大都愛美，妳愛，我也愛。

天生麗質是妳的幸運，但假如妳沒有那麼幸運的擁有絕佳的美貌，也不要氣餒，上天是公平的，祂給予我們的都是公平的。

妳的美同樣可以和容貌無關，可以來自於妳的善良、自信、關愛之心和妳的智慧，有人曾經這樣說過：「美麗絕不是由美貌與身材組成的，而是從靈魂深處發出來的。」

充滿愛心的妳一定是離幸福最近的女人，因為懂得施恩予他人，卻總是故意忘記應該收取他人的回報。一些「精明」的人總是會說妳這樣做很吃虧，而妳卻總是淡淡地一笑，不予理會，因為聰明的妳知道，這才是一本萬利的「投資」！

聰明的妳知道，付出與回報永遠是成正比的，即使妳不去索取，但它終有一天會以另一種形式回到妳那裡，這就好比是予人玫瑰，手留餘香。

妳從不把愛心當作施捨，因為妳很清楚愛不是憐惜，愛應該是源自平等。這樣的妳，在他人眼中有一顆仁慈博愛的心。讓人不由得愛上妳，卻又不得不去嫉妒妳。

每一個渴望美麗的女人都應該做一個有愛心的女人，妳不必一定要去做一些驚天動地的大事，才能顯示妳是一個有愛心的人，沒有能力，妳卻偏要捐出一千萬給窮人，只能讓人覺得妳不切實際。其實，大愛源自生活中的每一件小事，比如對妳身邊窘迫的人講一句解圍的話，對遇到困難而感到煩惱的人說一句鼓勵的話，對失戀的姐妹講一句安慰的話……簡單的一句話，既不花錢也不費力，但卻具有興奮劑一樣的功效，能夠帶給妳身邊的人無限的能量。

美麗的妳最害怕的恐怕就是虛偽與做作。即使妳有天仙之貌，一旦被人發現妳是一個表裡不一的女人，也會立即讓人對妳生厭。所以真誠對美麗的妳來說尤為難得。

因此，妳一定不能讓自己成為一個徒有外表的花瓶女人，而是應該努力讓自己成為一個善良、富有愛心的女人。只有這樣的妳，才能永保美麗，才能成為眾人眼中真正的美麗的化身。

聰明的妳要知道男人絕不會只因為一個女人有一副魔鬼身材就愛她一輩子，天使的心才是根本。

相由心生，如果妳的心中充滿愛，那麼妳臉上一定會綻放著迷人的光彩，做一個愛自己同時也能愛別人的女人，用妳的愛心為自己打造一顆完美的女人心吧！妳的魅力會貫穿妳的一生。

尋找並培養妳的興趣

生活中各種各樣的原因，導致ＯＬ大多處在一種高壓的工作狀態下，而妳是否也是她們中的一員呢？面對有些透不過氣的壓抑生活，妳應該怎麼尋求身體與心靈上的放鬆呢？

一方面妳必須要不斷地對自己說：「I CAN ！」不斷地鼓勵自己，增強自己的自信心和意志力；另一方面妳要積極尋找適合妳的調適方式，尋找妳的興趣所在，透過培養多方面的興趣和愛好來減輕生活、工作上的壓力。

廣泛的興趣和愛好，既可以發揮放鬆身心的作用，也可有效地幫妳轉移注意力，讓妳心思暫時從繁忙的工作上離開一下，有利於緩解工作帶給妳的疲勞感和緊張感，以便於妳更好的投入工作之中。

此外，良好的興趣和愛好還有助於提升妳的氣質。下面我就為愛美的姐妹們介紹一種既能合身養性又能提升氣質的興趣和愛好吧！喜歡的姐妹們可以挑點有用的試試看。

人氣興趣和愛好——瑜珈

如果妳渴望提升氣質，擁有傲人的氣質和協調的身體比例，那麼，瑜珈一定是業餘愛好的首選。

學習彩妝，做自己的「造型師」

愛美的妳，鍾愛化妝，但卻常常找不對書上那些化妝技法的精髓，那麼，喜愛彩妝

造型的妳就可以在業餘時間報名一個造型速成班，用不了多久，妳就會成為辦公室裡的彩妝達人嘍！

培養自己的靈動氣質——藝術

氣質型的妳，最適合在閒暇的時候去關心當代藝術，妳可以逛逛畫廊，看看美術雜誌，甚至可以自己動手畫一幅「藝術之作」。藝術與妳的生活息息相關，它能夠幫助妳修練成為一個氣質獨特的魅力女人，因此，倘若妳還在「虛度」剩餘不多的時間的話，不妨抽身去「藝術的殿堂」逛逛吧！

喚醒身體的律動——音樂

如果妳沒有大量的時間，用於培養妳的業餘愛好也沒有關係，妳可以選擇一下不需要太多時間就能完成的事情，比如說：聽音樂。

妳只需要打開家裡的音響，放入妳喜歡的音樂光碟片，就可以聽到動聽的樂曲，哪怕只是短短的幾十分鐘，妳也會有意想不到收穫。

舒緩的音樂能夠讓妳身心放鬆，享受一份寧靜與安然；動感的音樂，能夠讓妳熱情洋溢，充滿活力，神采飛揚。

總之，無論妳選擇哪一種興趣做為妳的愛好，妳都要記住一點：持之以恆！妳要知道，優雅的女人從不會吝嗇自己的時間去做她們感興趣的事情。

選擇一種讓妳傾心的花

不知從何時起，女人與花結下了不解之緣，好像這塵世間的花就是為女人而生的，為了形容女人的美而生的。

其實，沒有不愛花的女人，無論她多麼的平凡，多麼的不懂風情甚至是庸俗。當她看到一朵花的時候，無論那花是多麼的不起眼或是幾近凋零，女人都會由衷的感嘆、欣賞、憐愛……

女人應該愛花，試想一下，晨光

微斜，妳穿著輕舞的紗裙迎著暖風站在陽臺上為心愛的花澆水，相信從妳窗下經過的人都會駐足欣賞這樣的「美景」。一個愛花的女人總是那麼的美好，夕陽微照，忙碌了一天的妳，退去喧囂，獨自一人坐在籐椅上，一邊飲茶，一邊嗅著花香，這難道不是夢一般美麗的生活嗎？

假如妳嚮往這樣的生活，卻無奈現代生活的快節奏，無奈自己是頂著獨立女性帽子的職業女性，不得不拼命工作，不容許自己擁有太多可喜可憐的柔弱思緒。即使這樣，身為女人的妳也不要讓自己遠離花，如果白天裡工作太過繁忙，不妨在下班後泡個花浴，躺在繽紛之中，嗅著花瓣上淡淡的香氣，一日的煩惱、不悅，瞬間消失。花浴是美的，無論是玫瑰花還是清新凝神的薰衣草。一池碧水，漂滿紫色、紅色的花瓣，美麗的妳沐浴於其中，與花交融，讓妳不禁沈浸在美的幻想裡。

花對於當代的女性來說應該算是一種奢侈的享受，能夠真正抽出時間和閒情坐下來欣賞一朵花，新手插花的人已經不多。但在女人的心理，花永遠是看不夠的。在野外，那些讓女人不禁失聲尖叫，眼神充滿光芒的往往就是那些星星點點卻色彩斑爛的小花。女人會不經意的走進花朵，愛撫的將它們帶回家中，細心的放入精緻的瓶子裡，用這點點花香，點點情趣，裝扮她們有些「冷」的家，填補她們的精神世界。

身為女人，妳應該養花，因為妳擁有與生俱來的感性與細緻，妳的優雅、情調、品味……都會從一盆不起眼的小花那裡得到更好的詮釋，甚至是發揮到極致。

有位作家曾這樣寫過：「母親為救活鄰居家的一盆孔雀仙人掌，整夜看護，一小時澆一點水，讓土慢慢鬆開。」一句簡潔的文字，卻將母親的個性展現的淋漓盡致，若不是一個善良的人，心中充滿美的人，又怎麼可能在深夜去澆灌一朵不起眼的小花呢？

不可否認，與自己養花相比，女人更希望能夠收到心中的他送的花，每一個女人都有過這樣的幻想——下班時間剛過，收拾好的她走出辦公室，卻在電梯口看見了手捧鮮花的他……

當妳疲憊的時候，去尋找一朵花吧！它能幫妳洗去疲勞，能讓妳灰黯的眼神再次散發光芒，這是花的作用。無論何時，花代表了女人所渴望的一切美好東西：戀愛、青春、美麗……

花是一道美麗的風景，而賞花、嗅花的女人更是一道風景。一個女人，也許她的美麗並不足以讓妳驚豔，但是當妳看到她微斜著身子，將臉湊近花叢，深長的一嗅，然後微閉雙眼，為之陶醉的時候，妳還能不為這樣的女人而陶醉嗎？真是有種「女人如花花似夢」的感覺啊！

愛花就相當於是愛妳自己，很慶幸此生妳是一個女人，有著明目張膽喜愛鮮花的

權利，畢竟一個大男人要是太過鍾愛於鮮花，不免會被認為有點「娘」哦！因此，愛美的妳和我們一起來享受專屬於女人的特權吧！讓我們與鮮花為伴，像花一樣的生活，綻放出繽紛的美麗吧！千萬別讓妳的美麗枯萎在鋼筋水泥之中。

那麼，美麗的妳愛花嗎？妳知道什麼樣的花最適合妳嗎？

懶人型的妳最適合養仙人掌——無論是辦公室或居家，各種電器產品的輻射無處不在，此時的妳便可以在家裡或者是辦公室放置一盆漂亮的仙人掌，不用擔心每日沒有時間澆水或者身為懶人型的妳無暇經營，仙人掌強大的生命力，絕對適合妳哦！

美麗達人的首選：石榴——美麗達人與石榴紅似火的熱情將碰撞出怎樣的火花呢？想知道的話，妳就自己去養一盆石榴。此外，石榴還具有很強的除鉛功能，可以有效地降低室內的含鉛量。

淑女氣質型的妳最適合養龜背芋——這種植物一年四季都是綠色的，最適合愛靜的淑女型女生養植。它具有較強的淨化空氣的作用，常常在妳熟睡的夜晚，出來工作幫妳減少空氣中的二氧化碳含量，很貼心吧！

愛上寂寞，愛上海桐——妳每日生活在紛繁混雜的市區，各種各樣的事情讓妳煩躁不堪，真希望能夠擁有一點屬於自己的空間。養一盆四季常青，隔音效果超強的海桐，一定能為妳保留一份自然的寧靜！

黃金葛最適合剛剛裝修完房子的妳哦！黃金葛素有「天然空氣清新劑」之稱。剛剛裝修完房子，卻急著入住的妳，不妨在房間內門懸吊幾盆黃金葛，可以有效淨化空氣中的殘留氣味。隨時讓妳神清氣爽，感覺美妙！

優雅小女人型的妳最適合養雛菊，看過《雛菊》這部電影的女生一定會為故事中拿著一盆雛菊的「全智賢」所惋惜，雛菊與生俱來一種小女人的多愁善感，是妳不二的選擇！

鍾愛美容的妳適合養蘆薈，蘆薈是眾多美容產品都會用到的原料，愛美的妳，在日常生活中，也可以養一盆美容蘆薈，一來能夠發揮淨化空氣的作用，二來還可以為妳的美膚做出貢獻，何樂而不為呢？

艾草最適合經常「熊貓眼」的妳，妳的睡眠還好嗎？如果妳是一個十足的「熊貓眼」女生，那麼妳一定要養一盆艾草，因為它能夠幫助快速入眠，讓妳告別「熊貓眼」！

最後，祝福那些曾經收到花的女子，因為那是幸福的；祝福那些尚未收到花的女子，因為屬於妳的幸福正在路上。

做一個可愛的氣質型美女

妳想成為一個擁有迷人魅力的氣質型美女嗎？妳希望無論妳走到哪裡都是眾人的焦點嗎？

試想一下，有一天妳也可以優雅的站在某個街角，若無其事的看著路的對面，妳沒有在觀察任何一個人，但妳周圍的人卻都在仔細的觀察著妳，他們小聲的討論著，這樣一個迷人的女人是從哪裡來的，她在看什麼？她要去哪裡……

漂亮永遠都只是表面現象，只有可愛是生在女人骨子裡的。一個不漂亮的女人，只要她願意，她就可以透過後天整容技術，將自己變成一個「人工美女」，漂亮就是像動畫裡的神奇寶貝；可愛則是一種與生俱來的氣勢。要不然人們怎麼會說「女人不是因為漂亮而可愛，而是因為可愛才漂亮」。那麼，如何做一個可愛的氣質女人呢？

氣質源於自信

在無時無刻不充斥著競爭的社會裡，妳必須要懂得讓自己變得強大，因為那種自怨自艾、柔弱無助的女人已經沒有市場了。

男人不再是這個時代的主宰，而女人也不再是誰的附庸。男人欣賞有著樂觀心態的自信女人。因為，自信自強的女人，會讓他們感到舒心，也會讓他們在生活中的壓力變得比較小，他們能夠與一個不是只滿足衣食之安的女人共度人生，因為生活永遠不會陳舊，人生也不會走向退化。

朝著高貴的方向走

妳的高貴與妳的出身、地位和收入沒有絕對的關係，高貴應該是由心裡散發出來的。男人不會喜歡那些過於放蕩的交際花型的女人，也不會愛上那些心態猥瑣的唯利是圖的女人。因此，妳要自己高貴起來，從心裡高貴起來，不是要妳脫離世俗，而只是讓妳在心裡留出一片蔚藍的天空！

做一個善意的女人

善意的女人是溫柔的，而溫柔的女人是最能打動男人心的。然而，溫柔有時候似乎很難捉摸，一個女人要是對一個不值得愛的人託付了溫柔，就等於犧牲了自己的幸福。

愛也需要節制，妳應該懂得堅持「半糖主義」，妳愛他就好了，不需要妳愛得海枯石爛。在現在這個社會，男人絕不會讓自己只在一個小小的室內生活，這時的妳，就更應該學會自我調適，不要為情所困，讓情成了妳生活的全部。

聰明樂觀的妳應該嘗試讓自己的心靈變得通達一些，讓愛在一種平淡中向著永恆過渡。感情，就好像是手中握著的細沙，妳握得越緊它流失的越快，反之，妳張開雙手，它卻不流了。

妳不應該在一開始就把自己擺到一個乞求者的位置上，這常常也是很多女人悲劇結局的根源所在：妳對自己都不自信，怎麼能夠要求別人尊重妳呢？男人就是這樣，妳太過重視他，他就會忽視妳。因此，感情是最在乎尊重和平等的……不用說，有見地和胸懷的女人，男人自然會感到她的可愛了。

做一個有主見的女人

女人大都是感性的，身為女人的妳也不例外，妳對待友情、事業、婚姻亦如是，而這也正是導致妳停滯不前的致命弱點。

愛美的妳想要完全做到以上幾點，其實並不是一件容易的事情，但是妳只要能夠做到其中一點，妳在男人眼中就已經是一個很可愛的女人了！

lesson 4

智慧，讓妳擁有吸引「他」的磁場

給自己制訂一個「五年計畫」

妳想讓自己越變越美嗎？除了大量的使用美膚用品之外，妳還可以選擇更方便無危險的充電式美容法。是的，妳絕對沒有聽錯，我說的就是充電美容，並且效果顯著。

妳想要讓自己與眾不同，成為一個不俗的女人，就必須要藉助文化素養來完善自己，讓自己上升到一個新的階段。

這個世界上，沒有一個男人不喜歡女人漂亮的臉蛋和性感的身材，但也沒有一個人能夠否認一個有文化素養的女人，只

因沒有漂亮的臉蛋和魔鬼身材她就不算是美女。與虛有其表相比，妳更應該讓自己成為一個內外兼修的美麗達人。如果將文化比成是流行服裝的話，那麼，女人能做的就是依照自己的興趣、愛好，量身裁衣，為自己做出最合身的衣服。

身為ＯＬ的妳，深感工作壓力之大，沒有過硬的文化素養和知識儲備，遲早會在新人堆裡敗下陣來，或是成為別人眼中靠臉蛋吃飯的一類人。

漂亮的妳要大膽的站出來，向所有懷疑的人證明，沒有漂亮的臉蛋，妳的位置同樣坐得牢牢的。

為了達到這個目的，妳就必須充分利用業餘時間去充電，做為一名聰明的職場女性，妳必須要為自己量身訂做一套充電方案，以「活到老，學到老」為自己的座右銘。

如果妳尚在迷茫期間，還沒有找到適合自己的充電方法，不妨仔細閱讀以下內容，或許會讓妳茅塞頓開。

找對對自己最有利的切入點

做為一名職業女性，妳與職場新人最大的區別就是，妳擁有更多的經驗，妳知道在這份工作中，妳需要付出什麼，得到什麼。技能和各種各樣的證書並不是越多越好，職業中需要的是「精」，妳要做的就是，不要盲目給自己制訂目標，而是應該仔細考慮，自己目前到底需要什麼，缺少什麼。只有這樣，妳才能夠「恰如其分」的為自己充電。

其次，妳要明確自己充電的原因，不要覺得現在流行充電，妳也就「不知所云」的跑去充電。

妳在充電之初，要非常明確自己的目標，即：妳充電為什麼？一般女人充電只因為兩件事情——婚姻和工作，在這裡我們主要談談工作。

女人在這個社會上找一份適合自己的工作並不容易，能夠在公司裡「站住腳」就更難。因此，妳的充電行動一定要建立在不影響正常工作之上。

充電無處不在，不一定非要在課堂上

充電不能脫離目前的工作，也沒有必要重新走回學校或者課堂，在經濟與時間雙重受限的情況下，妳一樣可以做一個智慧女人。這只需要妳留意身邊的小事，學會發現生活中值得注意的事，善於總結他人的成功經驗，並將其為己所用，這也是生活中最方便快捷的充電方法之一。

緊隨時尚潮流，讓自己成為一個有涵養、有素質的智慧達人，應該成為妳做完美

女人的首要目標。適時的為自己充電，應該是渴望成為完美女人的妳最重要的修練課程，要知道一個完美的女人必定是一個有著智慧與極高文化素養的人！

奔往三十歲的女人要懂得做自己

不知不覺的，妳已經度過了生命中最輝煌的25歲，現在的妳已經是一個奔往三十歲的女人了。

奔往三十歲的妳，沒有了剛畢業時的張揚，淡定中多了幾分成熟與內斂！不再遇到事情就浮躁不安，多了幾分釋然之情！

工作已經基本穩定，壓力也不再像當初找工作那樣大，錢來錢往也算是夠花，足以購買妳想買的東西。感情生活也算順利，戀愛了很久也到了該談婚論嫁的時候。總的來說，一切都還算順利，小的奮鬥25歲前都做了，大的努力還要等待以後的衝刺，可以說即將奔往三十歲的這個短時間對妳來說，應該是相對輕鬆的。

聰明的妳千萬不要認為這就是屬於妳的休閒時光了，在奔往三十歲之時，妳應該充分利用這些精力，為自己三十歲的生活打好基礎，提升自己，開闊妳的視野，為更大的努力養精蓄銳，培養妳的業餘愛好，奔往三十歲的女人要懂得做自己，要勇於享受生活！

妳不能控制別人的思想，但是妳可以掌握自己的人生，這就好比妳沒有辦法左右天氣，卻能改變自己的心情一樣，也許妳沒有可人的容貌，但是妳卻可以讓自己擁有美麗的內心！

人們常說，享受生活，這句話對奔往三十歲的女人來說尤為重要。面對生活，享受生活！

每天，聽一首喜愛的音樂，泡一杯紅茶，坐在窗前，忘卻了一天的疲憊，剩下的只是心靈的寧靜。

哪怕只有10分鐘，不再吃完飯就急急忙忙的走進臥室加班工作，也不再跑到電視機前將整晚的時間都交付給某個電視節目。現在的妳，開始懂得享受生活、感受生活，妳要練習榮辱不驚；要學會享受生活，為三十歲後做準備。

晚上臨睡前，一邊敷著面膜，一邊可以看一本書，讓妳的內在美與外在美同步進行。

每週一有空，就會練幾張字，不是字不好看，而是需要那份專心與寧靜，為自己增添一抹古韻風情。

傍晚時分，不再去吃速食，而是跑到超市精心挑選幾樣食材，回到家中為自己，也為他精心烹煮幾道平時沒有時間去做的精緻的飯菜。

每月給自己留四、五天去做健身，去練習瑜珈，奔往三十歲的妳要看重健康，並做一個內外兼修的優雅女人。

沒事的時候，也可以帶親朋家的孩子去遊樂場，跟在他們的身後，妳會覺得自己是年輕的、快樂的，和他們在一起，會讓妳回憶起久違的童年。

奔往三十歲的妳要知道如何做自己，怎樣做自己想做的事情，如何做讓妳快樂的事情。

就這樣，在安靜、淡然、精彩、快樂……的生活中去迎接屬於妳的三十歲！

如果不能成為千里馬，就讓自己成為「博樂」

如果妳不能成為千里馬，就讓自己成為「博樂」，是的，我說的是「博樂」而不是「伯樂」，我不是要妳去做一個能夠發現奇才的「星探」級人物，而是讓妳做一個無論何時都能妙語如珠、機智幽默的智慧型女人。

身為女人的妳，可以是溫柔的，可以是嫵媚的，可以是智慧的，可以是多變的，但如果妳還能擁有恰到好處的幽默感，一定會令妳身邊的人感到快樂，樂於與妳相處，這樣的妳，無疑是最具魅力和吸引力的女人。

「博樂」女人總是能夠激起身邊人的愉悅感，使身邊的人感到輕鬆、愉快、舒心，在一談一笑中，拉近了彼此之間的距離，這樣的妳，無疑是最具親和力的女人。

幽默風趣的語言可以幫助妳從尷尬的環境中解脫出來，幫助妳打破僵局，即使是劍拔弩張的緊張氣氛在妳的妙語之下，也能夠瞬間平息，這會讓妳獲得更多的朋友，在人際交往中顯得遊刃有餘。

然而真正懂得且能夠做「博樂」的女人卻屈指可數。

我們總是把沒有幽默感歸結為是個性所致，而個性則是天生的，改不了的。事實上，幽默的語言風格的確與天生的個性有著必要的關聯，但更多的是需要妳後天培養的。

妳可以透過閱讀一些幽默的小故事，機智的腦筋急轉彎……來培養自己的幽默感，久而久之，妳就發現自己的幽默感在潛移默化中就被一點點的培養起來了。

在閱讀這些書籍的時候，妳也要懂得篩選一些低級趣味的東西，並在閱讀的同時

為自己構建一套幽默的語言方法，並在語言中多加練習，依次來訓練妳思維的敏銳性。

時間一長，妳的大腦中的幽默語詞自然就多了起來，在日常交談的過程中，大家自然會認為妳是一個富有幽默感的女人！

當然，幽默是要發自內心的，與人幽默之前妳首先要讓自己保持一顆樂觀向上的心，這是幽默的基礎。要知道一個悲觀的女人是沒有心情幽默的，即使勉強說出的一些話，也只能算是讓人發冷的、發抖的冷笑話。

在日常生活中，妳要培養自己的心理抗壓能力，做事情總會失敗，失敗了沒有什麼大不了的，幽默一下，明天接著來，說不定就會成功呢！千萬不要一味的怨天尤人或是就此放棄，這絕不是一個幽默的女人能做出來的事。

妳想要成為一個真正的「博樂」女人，必要讓自己充滿自信，不怕被他人嘲笑，更善於自我嘲笑，而這種自嘲絕對是建立在自信的基礎上。

懂得幽默的妳，一定是一個充滿智慧的女人，因為幽默需要妳的機智，需要妳有著觀察事物獨到的見解，不會墨守陳規，要有自己新的想法與認知，這樣的妳才能妙語如珠！

注意多培養妳的理解能力。真正的幽默，是需要用心體會的，更要懂得去欣賞他人的幽默。生活中，要與人交往，多學習些當下的新知識，豐富的內涵，是妳成為「博樂」的基礎。因為，一個孤陋寡聞的女人是幽默不起來的！

二十招讓妳盡情享受屬於妳的美麗人生

忙碌的工作，是否讓妳疲憊不堪，沒有精力去顧慮自己的健康，甚至終日素顏朝天。在這個炎熱的夏季，從改變自己享受生活開始，做一個由內而外綻放美麗光彩的完美女人吧！

下面就讓我就這享受完美生活的二十招一一的「傳授」給妳吧！

第一招，要對得起自己，從今天起不要再素顏朝天，儀容不整的出門。每天出門前都要將自己打扮得優雅得體，至少也要乾淨俐落，並在出門前仔細的照照鏡子，打量自己一番，並對自己微笑，然後再出門。

第二招，像愛護妳的臉一樣來愛妳的手。手是女人的第二張臉，很多時候，人們評價一個女人是否精緻，往往不會只看她的臉部膚質，而是會仔細端詳她的手，一個能夠將自己的手保護得細緻、光滑的女人，一定是一個懂得生活的女人。建議愛美的妳隨身攜帶一瓶保濕的護手霜，以備在外

用。

第三招，包包裡至少有一到兩個俱樂部的會員卡，沒事的時候，多參加參加體能運動，既能夠顯示出妳的品味，也能增強體質，抗衰老。

第四招，會享受人生的妳，必須得有幾位要好的閨中好友，寂寞無聊的時候，可以與自己的閨中好友一起喝喝茶，聊聊天，逛逛街……

第五招，享受不是一味的待著，什麼都不做。勞動也是一種享受，因此懶惰的妳為了成為一個完美的女人也要開始勞動做家事。妳可以在做家事時放幾首妳耳熟能詳的歌曲，邊做家事邊聽歌，一點都不會覺得疲勞，著實讓做家事成為妳生活中的一種享受！

第六招，閒暇時，與文字作伴。寫寫自己的心情，抒發一下自己的傷感與開心。

第七招，不要一味的追求時尚。要買適合自己的衣服，穿出自己的感覺，穿出自己的氣質。

第八招，不要留一個髮型超過三個月。時常變換一個髮型，會讓妳獲得一種新的心情。

第九招，為自己挑選一些飾品。飾品不一定都要能夠與衣服搭配，但求與妳的心情搭配。

第十招，至少有兩位要好的異性朋友，並且能夠得到他們另一半的認可。男人是理性的產物，女人是感性的產物，生活中，當妳遇到困難時，他們會誠心誠意的給妳些建議。

第十一招，不開心的時候不要把自己悶在心裡，應該找個人傾訴出來。傾訴之後，妳要對自己說，「好了，一切都過去了，沒有什麼能把我打垮」。

第十二招，切記不要拿別人的過錯懲罰自己，如果妳付出了，那麼妳就應該得到回報，誰都知道感情不是等價交換，但是沒有回報就沒有付出。

第十三招，身為女人的妳，一定要維持睡眠充足，只有保持足夠的睡眠，妳的皮膚才會變得光滑細膩，懂得生活的女人，絕不會讓自己的容貌毀在熬夜之上。

第十四招，學會微笑著接受男人對妳的讚賞。

第十五招，千萬不要對感情抱太大的希望，男人不會愛妳一生一世，他們的愛情總是來得快去得也快，因此妳一定要懂得愛自己，在愛任何人之前先愛自己，只要妳健康的、開心的，妳才有能力去愛別人。

第十六招，平常多去美容院走走，即使妳最近沒有什麼美容計畫，也應該去坐

坐，美容院是女人的俱樂部，閒暇時多來這裡交流交流生活經驗與美膚心得，對妳有益無害。

第十七招，女人哭吧哭吧不是罪。想哭的時候千萬不要強忍著，如果沒有人能夠安靜的聽妳哭訴，妳也可以找一個沒人的地方，將壓抑在心底的不滿全都發洩出來。每個人都會有脆弱的時候，這沒有什麼不好意思的。

第十八招，不要把自己弄得太忙，應合理安排妳的時間，哪些時間要去工作，哪些時間妳要用來享受閒適與優雅。不要把自己搞得太累，合理安排時間，享受優雅和悠閒。

第十九招，千萬不要每日唉聲嘆氣著自己的容顏不再，每個女人都要面對時間，都要衰老，與其望洋興嘆，還不如花些時間，讓自己成為一個氣質美女，因為，只有氣質不會隨時間而去。

第二十招，與欣賞妳的男人交往，與垂涎妳美貌的男人劃清界限。

只有會生活、懂得生活並且享受生活的女人才是幸福的女人，生活中的招數千變萬化，但是只有一招是不變的，那就是——從愛妳自己開始，從享受妳的美麗人生開始，無論它是否充滿著歡聲笑語還是尚在坎坷之中前行……

Chapter 3

完美女人終極轉變：

讓妳的美麗一直存在

習慣，助妳漫步走向美麗

年齡絕對不是衡量女人美麗的尺規

妳是不是和大多數女人一樣，不大喜歡談論自己的年齡，甚至懼怕不熟悉的人知道妳的年齡，我知道，妳想要在別人面前永遠保持青春亮麗的形象，如果妳尚未到達而立之年，妳這樣做法也許的確能讓妳在別人面前年輕一把，畢竟連35歲還沒到的妳，本來就是年輕的。但假如妳已經年過35，即使妳極力的掩飾自己的年齡，妳的眼神、脖子以及雙手卻已經暴露了妳的年齡。

大街小巷和妳有一樣心態的女人數不勝數，她們常常對自己的年齡避而不談，甚至穿上一些與自己年齡、氣質完全不相符的泡泡裙或是帶著公主袖的衣服，來襯托自己的年輕。可是她們卻忘記了，年齡不在，少女時代輕盈的身姿也不再了，這讓她們看起來很奇怪！

與妳一樣，任何女人都希望能夠留住青春，可是妳也必須要接受年齡在逐漸增長的事實，不要以為年齡大了美麗就消失了，而是應該接受妳的年齡，並在每一個年齡中找到與妳氣質相符的美麗，而不是用各種方法去掩飾妳的年齡。

事實證明，掩飾常常會起反作用，不僅不會讓妳永保青春，還會讓妳在他人眼中留下「欲蓋彌彰」的印象，得不償失。

年齡不是衡量妳美麗與否的尺規，一個真正聰明的女人，一定是一個坦然面對自己年齡的女人，她們不會讓自己的人生被時間羈絆，因為，她們知道，美麗其實與年齡無關，而她們也已經青春過了。

美，沒有年齡，無論妳處在什麼年齡階段，只要妳保持一顆上進的心，熱愛妳的生活，有著得體裝扮，妳就是美麗的女人。

20歲的妳青春過，浪漫過；30歲的妳成熟了，感性了；40歲的妳，精緻了，細膩了；50歲的妳，更端莊，更典雅，60歲的妳，那麼淡泊，那麼雍容……每個女人不可避免的要經歷時間的變遷，也都會在時間的沈澱中變得更加魅力迷人。

不同年齡階段的妳擁有著人生中不同的內容和美，擁有著只屬於妳的嫉妒和羨慕，所以愛美的妳不應該讓

年齡來限制妳的美麗。

35歲前，妳的美麗是妳的母親給予妳的，而35歲以後，妳的美麗卻是來自於妳自己。35歲以後，妳要承受的壓力會越來越多，妳所要處理的事情也會越來越多，身心的負荷都加重了，容貌和身材也會發生變化，這時就要看妳自己如何調適了。

任何女人都不可避免的慢慢變老，難道因為歲月在她們臉上增添了皺紋，在她們頭上增加了白髮，讓她們的皮膚失去光澤，妳就能夠說她們不美嗎？

只要妳保持開朗的心情，微笑著面對妳的生活，學會堅強，執著堅持，懂得承受，保持飽滿的自信心，做一個集善良、優雅、溫柔於一身的女人，無論何時，妳都是最美麗迷人的女人，即使站在青春正茂的小女生面前，妳的光芒也絲毫不會遜色。

因此，聰明的妳，千萬不要讓自己每天沈浸在對年齡的恐懼當中，妳要接受並積極的面對妳的年齡，就像張曼玉所說的那樣：「我42歲了，我就照42歲而生活。我可以面對這個事實。」

娛樂圈是最看重年齡的地方，可是妳仍然能夠發現，那些憑藉著青春和美容風聲乍起，卻只能曇花一現的明星數不勝數，很快就被人們遺忘了。而有些女藝人，卻能夠笑傲江湖數十載，這些女明星年紀越大，越受人尊敬，且片約不斷。這種時間積澱下來的魅力又豈是年輕的女明星能夠比擬的呢？

擁有了美麗的容顏，那是妳的幸運，是上天的眷顧，但美麗不等於魅力，只有智慧與魅力並存的女人才是珍藏的紅酒，值得人細細去品味！

年齡對妳來說不過是一個符號，與幸福沒有多大的關係。每個年齡都有每個年齡的悲喜，每個年齡也都有著每個年齡的獨特魅力。也許妳會這樣問：「話是這麼說，可是誰不喜歡年輕漂亮的呢？要不然怎麼有那麼多男人會外遇呢？」

男人外遇與妳的美麗無關，況且只有低俗的不懂得欣賞女人魅力的男人才會這樣做。

年齡絕不會衡量妳美麗與否的標準，閱歷賦予了妳更優雅的氣質，更迷人的魅力，更讓人陶醉的韻味……

每天出門時對自己說「You are the best！」

曾幾何時，妳悄悄地讓原本挺拔的身姿變得縮手縮腳，讓妳本來充滿自信的笑容裡摻雜了些許徬徨。這不是美麗的妳應該有的，芳華正茂，任何打擊都要將它變成下一步的動力。妳需要不停地激勵自己，並把現實的目標降低一點點，透過不間斷的成功讓自己重拾起自信！

從現在開始，不要再對自己有「我不能」、「辦不到」、「I can't do it」的想法，出門前對著鏡子，深呼吸，並大聲地對自己說：「You are the best！」妳會發現，莫名中，自己好像充滿了自信，走在經常走的小路上，也有了不一樣的感覺，做起事情來也比平時更有幹勁。

自信就是具有這樣的魔力，它可以讓平凡的妳搖身一變成為萬眾矚目的大明星。充滿自信的妳，走路時要昂首闊步、抬頭挺胸，妳所表現出來的淡定會在無形之中告訴妳身邊的人，妳就是那個充滿自信的完美女人。

自信的妳，無論是坐在頂級西餐廳還是坐在路邊攤，優雅的風采都絲毫不會減少，妳一個充滿自信的微笑，一定能鎖定全場的目光。

妳在逛商場的時候不要在一件商品前猶豫不決，自信的妳總是知道什麼才是最適合自己的，妳總能為自己選到最適合的東西。

自信不是興奮劑，妳也會感到疲勞，因為自信會為妳贏得眾人的賞識與信任，為了忙碌的工作、應酬，妳難免會感到有些吃不消。

但是，自信的妳，最後總是會用巧妙的方式將事情處理得當，並且不會讓自己看上去很疲勞，妳始終會保持妳特有的、充滿自信的微笑，帶給妳身邊的人無限的活力。

自信的妳，不一定是身價過千萬的女強人，不像她們那樣做起事情來不可一世，使人不自覺的敬而遠之。妳不一定擁有自己的事業，但擁有事業的妳，一定能夠打造出一片屬於自己的天，讓身邊的人對你佩服得五體投地。

自信與自負不同，自信的妳可以一無所有，卻已經得到全世界，而自負的女人貌似得到了全世界，其實卻是一無所有。

自負的女人目空一切，總是將自己高高凌駕於他人之上，總是揚著她們自認為高貴的頭；而自信的妳，就平和的多，因為妳的心裡有著寬容之心，有著謙卑之義……因而，眾人眼中的妳，美麗如天使，卻像一個鄰家女孩般容易親近、易於接近，因而人們也願意與妳親近。

自信這東西，不是與生俱來的，也沒有人能夠一直擁有它。因此，自信是需要妳後天去培養的，與其將妳羨慕的眼光都浪費在某個人身上，還不如花些時間來展現自己！

下面就簡單向妳介紹一下，修練自信的秘訣！

美麗的原因是因為，妳就是妳！

增加自信的第一個方法也是最基礎的方法，就是要認清妳自己的價值，妳，就是妳，妳要相信一件東西好看，是因為穿著或用它們的人是妳，這與妳帶了什麼轉運項鍊或者是限量版商品沒有多大的關聯。妳的美麗是沒有人能夠替代、複製的！

打破常規

嘗試新的東西，有利妳發現不同方面的自己，不墨守成規，妳就可能獲得意想不到的美麗，讓妳更加自信。

從邁出第一步開始

根據妳個人的喜好或者專業為自己制訂一項計畫，並且馬上開始實施，每走一小步，妳都會為自己歡呼吶喊，妳的自信心也會隨著計畫的進行，不斷地膨脹。

不要等著自信心來了再做事

生活中，妳是否會擱淺那些妳期望做的事情，總是覺得現在的自己還沒有能力做到最好，於是，妳想等到自己認為自己足夠好的時候，也就是自信滿滿的時候再去做。事實上，這樣的方法是錯誤的，如果妳真的覺得自己沒有能力做好，也不妨先去嘗試一下，把自己裝成很勝任的樣子，試一下，也許結果會讓妳大跌眼鏡。

心理學家研究顯示，當一個人行為上可以那麼做時，她的心裡也會慢慢跟著行為意識轉變，也就是當妳外表裝成很自信的樣子，久而久之，妳就會更加的自信！

向走在前面的人看齊

生活中，妳應該多認識一些充滿自信的人，並且觀察他們是如何做到這一點的。根據他們的經驗，來不斷修正自己的缺點。與這樣的人看齊，不久，妳也會成為她們中的一員！

微笑著面對妳討厭的人

微笑對於妳來說應該再熟悉不過了，遇到親朋好友時，妳都會給予他們微笑，可是妳會微笑給一個令妳生厭的人嗎？

我有一個朋友，因為她總是擺出一副沈默的樣子，因此我們都親切的叫她小莫。小莫是一家廣告公司的小職員，平日裡遇到的事情與大家在生活中所遇到的事大同小異，但是小莫生性比較孤僻，很少主動和別人溝通，一下班，她就會馬上回到家裡把自己關在房間裡上網。小莫生活中沒有什麼朋友，而我就是她鳳毛麟角的好友之一。

有一次，小莫接到任務，要去公司裡最難纏的人事部專員李珊那裡去要資料。剛進公司之前她就對這個李珊有所耳聞，知道她是一個很難相處的人。小莫懷著忐忑的心情找到了李珊，李珊不耐煩的看著小莫，從抽屜裡找來了一疊文件，指了指，說道：「自己找吧！我可不閒，沒時間幫妳弄這事。」小莫接過文件，恨恨地想，我又沒得罪過妳，妳幹嘛拉著張臉，這本來就是妳該做的事，我們平起平坐的，妳有什麼了不起的，除非妳以後別找我幫忙，否則有妳好看。想到這裡，小莫搖搖頭，在李珊不耐煩的目光中轉身離開了。

從那以後，小莫再遇見李珊不是繞著走，就是斜斜的看著李珊，心裡將李珊恨到不行，哼著氣擦肩而過。

後來，小莫打電話給我，說了最近發生在自己身上的事情，我很同情小莫的處境，就約她晚上一起吃個晚餐，到了晚上小莫、安姐（小莫也很熟悉）還有我一起來到一家中餐廳吃飯。

席間，安姐得知小莫的煩惱後，笑了笑，她對小莫說：「其實我們大家都是一樣的，妳覺得我很不錯，但事實上，我的處境比妳好不了多少，只是心態和對待事情的方式不同罷了。妳在日後的為人處事中，試著臉上多一些微笑，這樣就會減少別人對妳的排斥心理，要知道，對別人微笑就是對自己微笑！」

隔天上班的時候，小莫就決定試試安姐辦法，面帶微笑去上班，剛到公司正好看到人事部的李珊，此時的李珊正可憐巴巴的看著小莫，因為她有事情要求小莫幫忙，在李珊看來，這次小莫一定會報上次之仇的，但沒想到，小莫竟然笑了笑，爽快的答應了。李珊愣了很久，說了不下五遍「Thank you！」，小莫看著李珊的樣子，心情一下輕鬆了很多，原來微笑的魔力這麼大。從那以後，李珊見到小莫，總會親切地小莫小莫的叫，小莫每次都是笑著回應，心裡想著，其實李珊這人也沒有那麼討厭。

妳是否也有過像小莫一樣的境遇呢？生活中我們不可避免會遇到這樣或者那樣令妳人煩心的事，也會遇到令妳生厭的人。但現實是無法改變，我們只能去改變自己的心態，如果妳對妳討厭的人一直討厭下去，那麼，妳們以後就會像這樣把對方埋在心

裡，越埋越深，越底層。不過是一個簡單的微笑，它並不會讓妳的自尊受損，假如妳對令妳生厭的人微笑，心裡難受的一定不會是妳，而是對方，任何人都有犯錯的時候，妳應該做一個容易原諒別人的人，因為這樣的人也容易得到別人的原諒！

往後的日子裡，當妳在生活、工作中遇到不順心的事時，嘗試著用微笑去解決，也許那些原本複雜的問題就會立刻迎刃而解。不過是一個簡單的微笑，卻能給妳的生活帶來更多的樂趣，妳的生活將不再像從前那般空洞，妳會發現，無論是高興或是難過，總是會有人願意和妳站在一起！

今天有事情讓妳不順心了嗎？有人讓妳恨恨地想要和她就此各走各的路了嗎？現實生活總是擺出一道道難題放在妳的面前，嘗試著對令妳生厭的人微笑吧！不要束縛妳原本快樂的翅膀，讓妳的心靈自由飛翔吧！

一寸光陰一寸金，是對女人說的

妳懼怕時間走得太快，來不及做一個完美女人嗎？妳希望在有限的時間裡讓自己成為哪一種女人？優雅的氣質女人？還是性感的熱辣女生？抑或是智慧的知性女子……

青春經不起妳的任何蹉跎，一寸光陰一寸金絕對是對女人說的。妳的一生中，有三分之一的時間都在睡眠中度過，三分之一的時間妳用來奮鬥、工作、賺錢，剩下的三分之一時間才是妳用來做其他事情的時間。

假設妳的人生一共有70年，妳知道在這70年中，妳做什麼事情的時間最長嗎？是站立，沒錯，妳絕對沒有聽錯，人的一生站立的時間最長，不知不覺中就是30年之久。

排在第二位的是睡眠時間──23年。

接下來，給妳自己準備一張舒服的椅子吧！因為妳在坐著這一動作上就要花費掉17年的時間。

所以，從今天起，妳千萬不要再說我要工作一輩子這樣的話了，因為，事實上，妳用於工作奮鬥時間總共才十幾二十年。

妳給身體補充能量（吃飯）的時間──6年。

和別人交談，又用去2年的時間。

此外，為了消遣和娛樂妳還要看電視，且不說妳是不是整天都在電視機前，就按照每天晚上7點鐘開始計算，到正常的10點就寢為止，妳一生光在看電視上花費的時間就長達6年之久。

其餘的內容我們以天數計：

妳一生大概要笑623天；用於做飯的時間大概是560天；小病小災用去的時間大概是500天；業餘充電用去的時間大概是440天；用於家庭、朋友等聚會的時間大概是375天；用於打電話、發簡訊的時間大概是180天；用於穿戴打扮的時間大概是531天；用於洗澡的時間大概是531天……

粗略的一算，妳就發現這麼多讓人怵目驚心的數字，妳的一生究竟擁有多少時間，而妳又已經度過了多少時間，妳是否會感到恐懼，覺得妳剩下的時間太少太少了，少到妳不知道還能不能成功，還有沒有機會成功！

假如妳正值女人最燦爛的年齡——20幾歲，妳也只有10年時間去改變妳的生活，這短短10年間，除去睡覺以及種種必須要做的事情外，妳究竟能夠剩下多少屬於自己的時間呢？

時光如梭，妳已經不再是那個追逐著蝴蝶滿公園裡跑的小女生，童年的幻想已在花落花開的四季輪迴裡漸漸褪去，新的夢想還沒來得及實現，轉眼間妳卻已經出落成了一個亭亭玉立的小女人了。

現在的妳正處在女人一生中最耀眼的「季節」，但是「花無百日紅」，妳的美麗總會隨著時間的推移、年齡的增長而一點點的消退。妳有沒有想過，那時的妳，會是個什麼樣子呢？

那時的妳，可能是一個記憶力衰退、容顏憔悴的路邊大嬸，也可能是一個依然不改優雅氣質的成熟女人，妳的一言一行、一顰一笑依舊獨具魅力，能吸引全場的目光……如果妳想要成為後者，那麼千萬不要虛度了妳的大好青春，妳現在所做的一切，僅僅是為了妳40歲以後的生活。

妳是不是嘴裡總是掛著享受的招牌，安於「散漫」，幾個好姐妹坐在一起聊天，能聊個昏天暗地，有什麼令妳不順心的事妳能鬱悶一個月，記仇一個月。剛翻開上個月訂的學習報刊，一通電話過來，妳變得匆匆忙忙化妝收拾，興高采烈的出去和好友們逛街去了。妳不再像大學時代那樣拼命地學習，不再有著崇高的理想，現在的妳，興趣越來越廣泛，大到愛情婚姻，小到路邊小事、娛樂八卦……這些瑣碎的事情取代了妳原來「出人頭地」的願望，成為了妳目前生活的「主流」目的。

但是，親愛的，妳究竟有多少時間可以這樣白白浪費掉，想一想40歲以後的妳，那個時候，妳沒錢、沒地位，甚至還沒有找到一個如意郎君，妳的生活該怎麼辦？即使妳是一個擁有一定經濟實力的女人，但40歲時，妳還能這般肆意的享受生活嗎？那個時候，和妳同齡的女人，也許沒有妳漂亮，但是她們舉手投足間都流露著一份40歲女人的柔情、智慧、優雅與品味，而妳呢？和大家一起討論哪些陳舊不堪的八卦新聞

嗎？

身為一個美麗的女人，妳應該真心誠意的去愛時間，它勝過妳衣櫥裡的任何一件名牌時裝，比妳梳妝檯上任何一款美膚產品更為有效，它能帶給妳與眾不同的氣質與美麗，但前提是妳要尊重它，把那些浪費的時間找回來。

下班了，如果妳沒有什麼必須去看的電視節目，不妨讓電視休息一下吧！也算是為節約電做貢獻，找來一本期待已久的好書，慢慢的品味書中的意境，久而久之，妳也會沾染上書墨氣息的。

週末的時候，不妨按照自己的興趣去學點什麼，天氣這麼熱總是跑出去逛街不怕中暑嗎？妳天天喊著口袋裡的錢不夠花，這樣子的逛街法夠花嗎？還不如把錢和時間用在對的地方，為自己日後的「增值」做準備呢！

年輕、愛美的妳應該充分的享受屬於妳的青春年華，但是，享受從來不等於虛度，時間對女人來說太重要了，妳懂得也必須瞭解在享受的同時，為妳40以後做打算。不要再將時間全部花費在購物、玩樂、聊天、看電視、上網……等的事情上，多看看好書，不定期的給自己充電，多結交一下「走在前面」的朋友，借鑑她們的成功之路，並適當的調整自己的做法。

年輕的妳，有著遠大的理想，成功的關鍵在於妳能否持之以恆的與時間賽跑。如果妳一刻不曾停止的追趕時間，那麼，妳一定就是天底下最幸福、最快樂、最自由自在的女人。

鬱鬱寡歡，惹人煩

和那些風華正茂、整日化妝打扮的時尚女孩相比，都市「鬱女」有些不大一樣，這類人常常有穩定的收入，一般在公司大小都得是個官，她們的年齡雖不是很大，但是社會經驗常常很豐富，學歷不是海外歸國也都得是碩士以上的，在外人看來這類女人就是當代典型的「白骨精」型女子。照理說，這類女子都應該比別人生活得更好才是，她們有能力購買自己想要的東西，享受著比一般女人充分的機遇——晉升、婚姻、職業、教育……然而和她們接觸久了，妳最常聽到她們說的話卻是——「鬱悶」！

哎！鬱悶啊！好男人怎麼就找不到呢？不好的配不上，不帥的看不上，又好又帥的不是已經成為別人的私有財產就是Gay……

哎！鬱悶啊！每天像牛一樣的工作，卻只能吃著用來餵羊的飼料……

哎！鬱悶啊！上司和下屬，一個是圓滑的老油條，一個是左右逢源的小滑頭，哪

個都不好對付呢……

臉黃黃，心灰灰。

就這樣，本來是都市精英的妳變成了都市「鬱女」。

曾經有一個朋友對我說，上帝創造男人的時候，他只用了兩種顏色灰色和白色，一種代表世間的理論與智慧，一種代表正義；而上帝在創造女人的時候，祂卻用了無數種顏色，祂希望女人是多采多姿的。然後，試想一下，當上帝遇見了妳這類的都市「鬱女」該怎麼辦呢？祂會不會懷疑是當初自己在創造妳的時候用錯了顏色呢？

美麗的妳，應該生活得多采多姿，而不是在苦悶中掙扎，妳要相信自己，妳天生就擁有一個五彩斑斕的人生，從現在開始，試著讓自己像「玉」女度過人生吧！

緩解抑鬱氣質的關鍵因素之一，就是妳要對所思的事情適可而止。因為女人天生就是感性的，因此與男人相比，身為女人的妳更容易陷入到某種悲傷、鬱悶的情緒之中。

當妳想到什麼令妳難過的事情，且妳沒有辦法一時間停止思考，不妨嘗試著找個沒人的地方大哭一場吧！因為哭泣可以明顯的降低大腦產生悲傷感的化學物質的含量。這也就是為什麼，很多時候，妳大哭一場後會有種豁然開朗的感覺。

但是，哭泣療法也要因人而異，哭泣有些時候能夠緩解妳內心的壓力，但有些時候也會勾起妳不快的回憶，無形中延長了妳痛苦的時間。

這時，妳不妨試試轉移注意力療法，這個方法我也試過，效果非常不錯。當妳覺得自己開始鬱悶或者有鬱悶前兆的時候，不妨先放下手頭上的工作或事情，換一種心情，比如：看一場激烈的球賽；瀏覽一下今年最熱門的流行雜誌；或者是與三五好友去逛逛街；聽一首輕快的樂曲……諸如此類，只要能緩解妳鬱悶的情緒，哪怕是胡思亂想都可以。

不過，上面的方法只是一個權宜之計，妳想要徹底改變這種不時就鬱悶的心態，還應多進行一些運動鍛煉，專家證明，運動鍛煉能夠有效的抑制鬱悶與不快的情緒，讓人充滿活力，是改變不佳氣質最有效的方法之一。

妳可以嘗試著，從這週末開始，去登登山，跑跑步，說不定能有意想不到的收穫呢！

看過《瘦身男女》的姐妹們一定知道這部電影裡排憂解難的方法——吃，一般來說現代女性排憂解難的方法主要有兩種，一種就是剛剛提到的吃，而另一種就是抽菸、喝酒。

但無論是選擇暴飲暴食，還是選擇泡夜店喝酒、吸菸，結果都不會讓妳滿意。暴飲暴食女人的後果在那部《瘦身男女》中已經做了很好的詮釋；而泡夜店、喝

酒、吸菸，不僅不安全，容易落入色狼的圈套，還會導致妳的氣質越來越差，心情變得更加消沈。

其實，想不抑鬱的方法有很多，最簡單一個就是：做一些能夠讓妳小有成就的事情，比如：打掃家裡的環境，把那些妳總是不願清理的環境死角一一清理乾淨，當看到煥然一新的家時，妳抑鬱的心情自然會消失不見。此外，妳還可以透過改變自我形象來緩解抑鬱的情緒，比如換一身好看的衣服，剪一個期待已久的髮型等等。

當然，治療抑鬱最有效的辦法，還是換個角度看問題，換種心態生活。比如；失戀的時候，妳很容易產生自憐的情緒，覺得自己很倒楣，從此就一個人無依無靠的生活；這時候，妳大可換一種角度來想這個問題，妳可以思考一下妳的感情，它對妳而言其實並沒有想像中那麼重要，與其和一個不愛妳的男人在一起，靠著謊言過日子，還不如早分手，早乾脆呢！

其他情況也一樣。生活中妳要懂得變換自己的思想，不要總是看到自己的短處，妳可以適當的拿自己的長處與別人的短處去比較，這樣會讓妳立即信心大增，心情轉好的。

做到以上幾個方面，妳就註定今生與「都市鬱女」無緣，妳用最燦爛的笑容告訴所有人——擁有一顆樂觀、開朗、積極向上的心，才是最重要的。

lesson 2

感情與財富，打造女人獨立新姿態

感情篇

妳就是完美的兔女郎——約會寶典

每次當約會從幻想中的浪漫的牽手變成破碎泡沫的時候，妳是不是都會感到沮喪，但卻不知是何原因導致了這樣的結果？

當妳喜歡的他遲遲沒有給妳打電話時，妳在傷心欲絕的同時，是不是只想著抱怨他的不懂情調，卻沒有考慮過自己有什麼過錯？

其實，女人的戀愛與男人的戀愛一樣，都是需要靜心呵護的，男人們有著一套驚喜的追女守則，而為什麼身為女人的妳，卻沒有一套行之有效的約會守則呢？

戀愛光靠妳給人的第一印象是不夠的，想要得到完美的愛情結局，與妳約會時得當的表現是分不開的。妳的言行舉止、一顰一笑都需要技巧。

下面，就為渴望約會成功的妳簡單的說一下約會中存在的錯誤，希望妳有則改

之，無則加勉！

不要把他當成是妳的傾吐對象

妳是不是在連對方姓什麼，在什麼地方上班都沒搞清楚的情況下，就不斷地向對方傾訴妳的故事，從初戀到最後一個分手的男友，一一細說他們對待妳是如何如何的不好，講述妳對待他們是如何如何的好。

坦白固然是好品德，但坦白也要有限度，要在合適的場合，合適的時間中坦白。妳如此一見面就大談自己的感情史，且把自己說成了一個現代版「陳世美」的妻子類型的人物，只會讓正在妳對面的帥哥，無法忍受妳這般的「坦白」，或是被妳的「傳奇史」嚇得想馬上溜之大吉。

過去的感情已經成為過去式，如果妳非要和他坦白的話，也一定要找一個恰當的時間，並且沒有必要把每個細節都講清楚，只需要輕描淡寫的一說便可，讓他知道妳已經不再留戀以前的戀情，現在妳珍惜的是和他的感情就好。

人人都有缺點，不要抓著不放

或許約會中妳的表現還不錯，至少對方找不出妳明顯的缺點，可是就在你們準備吃飯的時候，妳卻擅自幫對方點菜，當對方詫異的看著妳時，妳還滿不在乎說上一句：「我覺得你該減肥了，所以這些蔬菜餐最適合你……」

不要以為妳這樣子是貼心的做法，男人和妳一樣，他也很在意自己的外表，而妳這樣一說，便擺明了是在說他太胖長得不夠帥氣，對方為了避免妳再找出他的缺點，只好對妳敬而遠之啦！

約會而已，沒有必要查戶口

約會的時候，妳會不會也像某個大嬸那樣頻頻地打探對方的月收入、不動產、流動資產、有沒有車、是否買了房子、家裡還有什麼人……

妳或許並無歹意，妳也沒有以他擁有多少資產來衡量要不要和他交往，可能妳只是單純的想要多瞭解對方一點，或是找不到合適的話題。但是，對方常常不能在第一時間參透妳的想法，他們常常會覺得妳這樣問是另有目的，妳急於知道他們的收入和家庭狀況，是因為妳在乎錢，讓他們覺得妳有點居心叵測。

如果妳真的想瞭解對方這方面的情況的話，也應該循序漸進，有點耐心的和他聊天，不要太過直接就問，讓人誤會。

千萬不要不懂裝懂

「妳最喜歡詹姆斯嗎？我也是，他唱的RAP特別的好聽，我特別喜歡聽。」

妳和他第一次見面，你們相互對對方的興趣、愛好並不瞭解，因此，遇到不懂的或者是不大肯定的事情是很正常的，此時，妳可以坦白的說出來，妳對他說的內容並不瞭解，可以巧妙的轉移話題，千萬不要不懂裝懂，讓自己陷入窘迫的境地。

和大家說了這麼多約會時的錯誤，再向大家簡單介紹一下約會時的小技巧吧！

技巧一：讓妳看起來很美

約會時，一定不要忘記塗一點口紅，也可以嘗試換一個新潮一點的髮型，為自己挑選一套適合自己的衣服，從裡到外，讓妳看起來很美。

技巧二：為自己營造神秘感

男人都是好奇的動物，如果妳一次就都告訴了他們妳喜歡什麼、討厭什麼、妳的家庭背景、妳的學歷……他們反而會對妳大失胃口。但假如妳有意無意的保留些什麼，刻意為自己營造一些神秘感，反而會引起他們的好奇，於是，他們怎麼能不趕緊向妳預約下次約會的時間呢？

技巧三：讓男人去買單

在和男人約會的時候，妳最好不要試圖去結帳，這不是表現妳經濟獨立的時候，為約會的女人付帳是男人願意做的事情，所以讓他們去做好了，並且很高興的接受他們獻上的禮物，尤其是鮮花！

技巧四：不要把約會搬到床上去

不要嘗試與第一次約會的男人上床，這會讓他懷疑妳是否和所有第一次約會的男人都這樣，進而看輕妳。妳最好能夠做到欲拒還迎，適可而止，讓他們充滿渴望，卻不能夠輕易得到！

技巧五：不要比他去的還早

生活中，妳是一個準時的女人，但是在約會時，妳千萬別太準時，尤其是不要去的比他還早。但妳要把握好尺度，通常遲到不得超過30分鐘，不然對方很有可能會走掉哦！

此外，要擁有難忘的約會，除了完美的約會技巧外，妳還需要為自己搭配一身與妳相符合的服裝。

約會不是去參加奢侈派對，妳沒有必要把自己打扮成為一隻鳳凰，只要穿得自然得體就好，此外，妳還要根據對方的情況及選擇的約會場所來挑選衣服，如果對方是一個運動型的人，那麼妳穿著有些不太方便運動的禮服就很難與他搭配得上。

總的來說，穿著上的整體感覺要舒適、大器，給人舒服的感覺，切忌穿一些奇裝異服，或是顏色過於鮮豔的衣服，下面就介紹幾款比較適合的搭配。

與運動型的他約會的著裝

妳可以選擇一身以暖色調為主的小運動裝，讓妳整個人看起來自然、大方，下身可以穿一條合身的牛仔褲，或是很具韓國風情的休閒褲子，讓妳看上去既大方又時尚，肯定會讓他情不自禁的愛上妳！

與隨性的他約會的著裝

隨性就是隨意，此時，妳可以選擇一身休閒裝去赴約。比如：白色的背心搭配一件韓版的合身小西裝，下面配上一條合身的牛仔褲。知性中帶著幹練，隨性中盡顯女人的魅力，這樣的妳，怎麼能不讓他愛呢？

與企業家型的他約會的著裝

和這樣的他約會，約會地點一般都會設在比較高檔的西餐廳，此時的妳，就應該穿一身能夠凸顯妳優雅氣質的禮服。在選擇禮服時，可以選擇一些中性顏色的禮服，切忌不要露得太多。如果是天氣微涼，妳也可以在外面搭上一件小外套，看看坐在妳對面的他仇視別的男人看妳的目光，妳就是知道今晚的妳有多麼的光彩照人了。

不要太過期待白馬王子的出現

妳是不是一直在幻想著，哪天會有一個「白馬王子」出現在妳的面前，因此，單身的妳在尋找或者託朋友介紹的時候，總會以此為標準，作夢都希望自己能夠嫁給一

個「白馬王子」！

現實生活中，和妳有一樣思想的女人數不勝數，有些女人是因為離了婚，她們從以前的婚姻中汲取了教訓，決心這次一定得找一個好男人。還有一些女孩，她們的家境並不是很好，因此她們迫切的希望自己能夠像灰姑娘嫁給一個多金且帥氣的白馬王子。

於是，她們在尋找理想人選或者是進行徵婚時，都會有意無意的以這個標準來衡量男人。然而，她們卻忘記了，現實終歸是現實，永遠不可能如童話一般，也就不存在什麼白馬王子，即使存在也是鳳毛麟角，少得可憐。

於是乎，這些渴望與白馬王子長相廝守的女人們，便很容易上了那些沒有良心男人的當。那些男人利用了女人們的這種心理，來欺騙她們的感情，騙取她們的錢財，甚至是身體，最後再找一個合適的理由與她們分手。

這些女人損失了金錢，受到了欺騙，但卻依舊沈浸在她們的白馬王子的夢裡，甚至不會察覺到她們已經上當受騙了，而只是覺得自身不夠好，才使得人家跟自己分手。

她們「死不悔改」的沈浸在那個有一個「白馬王子」的謊言之中，一次次被騙，卻依舊心甘情願為她們所認為的「王子」付出。

那些將自己偽裝成「白馬王子」，實質上卻是玩弄女性的道德騙子，就是利用了這些女人渴望在現實中遇到自己「王子」的這種心理，來達到自己騙取錢財的目的。此時的女人是可憐的，也是無助的，她們為了一個根本就是幻想的夢，成了別人的玩偶，一次次陷入騙局之中，卻渾然不知。

尚有理智的妳與那些女人不同，也許妳只是喜歡憧憬這樣的夢，卻知道這只是夢。但是，那些女人做錯了什麼呢？她們不過是想得到一個幸福的家庭，她們真心實意的與一個人交往，可是得到了那樣的結局，的確很值得人去同情。

如果妳也在憧憬這樣一個夢，只把它當作夢吧！妳不能將選擇老公的標準訂在有房有車有錢之上，聰明的妳一定知道，真正的白馬王子身邊從來不會缺少美女的陪伴，當妳看到那些穿著得體的少婦開著跑車炫耀她們財富的時候，妳也應該看到，她們獨守空房寂寞和忍受老公在外面花天酒地的痛苦！

所以聰明的妳，請盡快在白馬王子的夢中醒過來吧！一段美好的愛情一定是來自現實生活中的，妳要從妳的基本情況出發，不要過分看重錢財。

雖然這是一個崇尚物慾的社會，但是錢畢竟不是萬能的，錢無法給妳一生一世的幸福，快樂、幸福的生活對於女人而言才是最重要的。

妳要記住這樣一句話——「適合自己的才是最好的！」

時時刻刻提醒自己不要陷入自己編織的美夢裡，被「白馬王子」的美夢所迷惑。

做一個會撒嬌的魅力女人

妳覺得什麼樣的女人最能征服男人，是性感的、是溫柔的、是嫵媚的、是風情萬種的，還是小家碧玉的……

女人的世界千變萬化，每一個女人都有著屬於自己的特點與風情，但是，愛美的妳，無論妳屬於哪一種類型的女人，都不要忘記做一個時常撒嬌的女人，因為，會撒嬌的女人才是最能征服男人的類型，即使她們沒有性感火辣的身材，沒有姣好的面容，也沒有似水的柔情……

生活中，無論是男人還是女人，都希望能夠找一個知心並且體貼自己的人，與這樣的人一起經營一份愛情，會讓人感到非常舒心。

我記得曾經有人說過這樣一句話——女人，當妳有人愛的時候，請不要忘記撒嬌，因為，撒嬌是妳對付男人最好的武器，它能夠讓那些自以為是的男人，在妳的面前變成百依百順的小綿羊。

會撒嬌的妳是最具女人味的人，妳的舉手投足，妳的一顰一笑，無時無刻不牽動著男人的心。生活中，妳總是渴望妳的男友或者老公能夠給予妳更多的愛，那麼，還等什麼，趕緊讓自己做一個會撒嬌的女人吧！試想一下，妳抿著小嘴，故作生氣的跺一下腳，梨花帶雨的看著他……再鐵石心腸的男人也會甘拜下風的。撒嬌是聰明的妳收服男人的重要法寶！

不要以為妳的男友或老公是一個沒情緒的男人，不要自作聰明的以為他不需要妳的撒嬌，事實證明，沒有一個男人不喜歡女人柔聲細語的和自己講話，也沒有一個男人笨到不懂得欣賞女人的撒嬌。一個懂得撒嬌的女人，她的家庭總是充滿快樂，而她看上去也總是較同齡的女人年輕。

聰明的妳，想要妳的老公更加的愛妳，妳就必須要學會稱讚他，只有這樣他才會更加心甘情願的去工作、去愛妳。當他勞累一天回到家後，不要再對他問東問西，而是走上前去，給他一個撒嬌式的擁抱，我不信他不會立即舒展緊皺的眉頭。家庭不是法院，不用非得分出個誰對誰錯，也不需要彼此將一些大道理爭得面紅耳赤，只要妳懂得適時的撒嬌與體貼，妳就能成為最幸福的女人，享受最快樂的家庭生活。

所以，盡情地撒嬌吧！

不過，撒嬌與任性有著本質的區別，妳不能把兩者混為一談，因為一些沒有道理的事情，就對妳的他耍賴，這樣只會讓妳的他生厭。

撒嬌也不是依賴。如果因為撒嬌能夠讓你們的感情變得更加順暢，妳就把它當成是維繫妳與他之間感情的唯一武器，久而久之，他必定會為此而產生一種錯覺——他到底是交了個女朋友，還是在養孩子？

此外，撒嬌也不是一種刻意的行為，有愛才能撒嬌，撒嬌需要愛情的滋潤，妳總不能毫無目的的自己對自己撒嬌吧！

當然，撒嬌具有雙向性，在不適當的時候撒嬌，常常會有些反效果，所以，聰明的妳一定要引以為鑑啊！

好多女人其實都不懂得什麼才是真正的撒嬌，她們常常錯誤的認為撒嬌不過就是拉長著尾音，像孩子一樣說句話就行了。但其實，撒嬌也是需要技巧的，也是分時間、分場合的，不能對什麼人都撒嬌，也不能什麼都撒嬌。此外，撒嬌也要有尺度，就像S.H.E.有首歌的名字一樣，要堅持「半糖主義」，妳給得太多就會讓他覺得膩，妳給得太少，他又感受不到。

那麼，日常生活中，妳在撒嬌的時候應該注意哪些問題呢？

撒嬌要看場合

撒嬌絕對是兩個人之間的私事，因此，妳一定不要在他的公司裡對他撒嬌，這樣不僅讓他覺得尷尬，而且倘若他接受了妳的撒嬌，還會有可能被不解風情的同事說成是怕老婆。

當妳的另一半帶著妳出席一些公司年會或者是大型聚會的時候，妳也不能撒嬌。因為，這時候的他，需要的是一個成熟、大方的女伴。試想一下，當妳的他正在和某個老闆談生意的時候，妳像個小女生一樣小跑步著過來，並拉著他的手，嗲嗲地說句話，相信在那種場合裡，沒有一個男人會覺得這樣的撒嬌是可愛的。所以記得在如此場合，不要隨便撒嬌，否則很有可能毀掉妳優雅女人的形象哦！

撒嬌要分清狀況

如果妳認為公共場合不能隨便撒嬌，剩下你們兩個人的時候就能隨意撒嬌，那麼，妳就大錯特錯了。有的時候，妳要懂得看他的臉色，再考慮要不要撒嬌，當他看上去很煩躁的時候、精神很不好的時候，妳敢保證妳的撒嬌能讓他立即振奮而不是立即爆發。如果妳肯定不了，那麼，還是找個地方老老實實的待一會兒吧！

撒嬌雖然是妳征服他最有力的武器之一，但如果在不恰當的時候使用了，即使再高明的撒嬌手法，也只會惹人煩！畢竟在妳累得不行的時候，再好笑的笑話妳也笑不起來啊！

妳要懂得適可而止

所有的事情都有它的限度，所謂物極必反就是這個道理，而這個道理同樣適用於撒嬌這件事。妳在向妳的他撒嬌的時候，一定要懂得見好就收，切不可沒完沒了，到最後只能惹人煩！

姐妹們，從今天起做一個懂得生活，會撒嬌的女生吧！

男人眼中的完美女人

舉凡國際上有點名氣的女性產品設計師，通常都是男人，這是為什麼呢？我想這大概與他們天生就具有欣賞女人的眼光是分不開的。

那麼，妳知道男人眼中什麼樣的女人才算是完美的女人嗎？妳渴望成為一個完美的魅力女人嗎？

那麼，趕快來看一下下面的內容吧！也許妳總是認為做一個完美的女人太難，但事實上，這是一件非常簡單的事情。

想要成為一個完美的女人，妳首先要培養妳的氣質，注重自己的穿著和儀表，畢竟出去的時候妳還得為妳的他爭爭光啊！

妳不能像一個潑婦似的，動不動就開口罵人，或者動手打人，妳在遇到事情前，一定要保持妳的優雅氣質，即使事情真的是錯在他，妳也要換一種處事的方式，比如說，讓他感到難過，是很難過的那種，這樣他就會記住，下次不會再發生這樣的錯誤了！

不要在外面指責他的錯誤，哪怕是他對妳大聲的吼叫，妳也要能夠容忍，並且最好做出一副孩子般的表情，讓別人都以為妳很怕他；回到家裡，妳大可以再和他算帳，有句話說的好——「在外從夫，在家從婦」，在家裡妳是老大，妳說了算，妳大可以慢慢的收拾他，相信在這個時候，即使是妳無理取鬧，他也不會真的生氣的！

如果妳很不幸，他外遇了，妳也千萬別像個母夜叉一樣和他又吵又鬧。其實，對付這樣的男人，妳只要用一點小伎倆就可以了。最直接的辦法就是忍住憤怒找第三者好好談談，記住要很有禮貌的談，如果這招不見效，那麼，妳就要對他下手了，男人其實也是很感性的，他們也很容易被感動，尤其是他們不對在先時，只要妳的辦法得當，問題自然會迎刃而解。

妳時刻要認清自己在家裡的位置，妳要知道自己是整個家的主人，那麼，妳就應該拿出一副主人樣子，做好一切本是女主人應該做好的事情，不要整天像一個小孩子似的，還等著他下班回來後伺候妳。但是，當你們獨處的時候，妳還是應該保留一點

孩子氣，讓他感受到妳的溫柔！

時刻記住，不要每天都問妳的他這樣的問題——「妳愛我嗎？」、「我好看嗎？」、「你是不是沒有錢了？」……這樣的問題，男人一旦毫不猶豫的給了妳確切的回答，你們兩人的感情也就離分開不遠了！

妳最好不要做一個靠著老公吃飯的女人，但如果現在的妳正是這樣，也不要讓妳的他有這樣的感覺，更不要當成是炫耀一般，告訴別人！

當妳看到妳的他正在看某個美女的時候，不要去阻止他，當然也不是叫妳放縱，此時的妳，可以不失幽默的問上一句：「要我幫嗎？」妳的他自然就會明白妳的意思。

生活中，當妳犯錯的時候，千萬不要玩大女人主義，其實說一句「對不起」，並沒有妳想像中那麼困難，妳的他會笑著原諒妳的！

千萬不要被流言蜚語矇蔽了妳的雙眼，無論外面謠傳了什麼關於他的不良事蹟，妳都應先保持鎮定，一定要堅守「眼見為實、耳聽為虛」這個道理！

以上就是男人眼中的完美女人，這個方法很多女人都試過，效果非常不錯，心動的妳不妨一試！

對舊情人，說再見！

在這個冰冷的現實世界中，妳還在痛苦的隱藏著自己的感情嗎？還有誰會在愛情中自始至終都只愛一個人？許多妳愛過的人，都已經變成了深夜裡的回憶，只是當初的惜別之情依稀在心頭。然而新的生活已經在不知不覺中開始了，妳還指望著能夠重來一次嗎？妳不清楚自己將要付出多少來換一個舊情人的感情。愛情之中的愛情顯得非常簡單，但舊情復燃肯定不能刷新曾經暗黃的一頁。面對舊情人，妳應該大膽、果斷的說「Bye bye！」

如果妳是個心軟的女生，不知道如何善意的拒絕舊情人的誘惑，不妨看看下面的文字，或許會給妳很多幫助！

不要一味沈浸在過去美好的回憶之中

一個能讓妳舊情難忘的男人，必定曾與妳經歷過一段美好的時光，如果妳一味的沈浸在過去的浪漫與溫馨，並不時陷入甜蜜的回憶之中，妳就會一直深陷其中。其實，曾經擁有過就足夠了，現在的妳應該保持冷靜，因為現在的他已經不再是當時與妳共度那些美好回憶的人了。妳應該用放大鏡去看他以前的好，和現在的壞，妳要清楚的認識到，他的出現會讓妳的生活變得一團糟。

千萬不要同情舊情人

舊情人現在的遭遇，可能會讓妳自然的動了惻隱之心，但問題是妳的同情是不是他真正需要的，妳的同情又會把妳帶到什麼境地。最常見的就是女人逐漸深入，痛苦不堪，不能自拔！

不要妄做承諾

女人天生就是感性的動物，而身為女人的妳，也總難免陷入扮演「母親」保護他人的角色，尤其是面對自己曾經的戀人時，常常是一看到對方那可憐的眼神，便傻乎乎的就答應了那些自己根本沒有辦法辦到的事情。最後，妳只能勉強自己去完成，但妳卻不知道這樣勉強，有可能會毀了妳現在的感情和穩定的生活。

學會遲到

和舊情人約會時，千萬不要早到，如果妳去的太早就會給他一種妳依然在乎他的假象，但如果妳遲到，則會讓他感到妳已經將他遺忘了，已經不在乎他了，他也會知難而退的。

不要告訴妳現任的男友

愛情的最基本守則就是誠信，但是妳要知道，誠信也是要講究方式和方法的，有些事情是絕對不告訴他的，比如說，妳決定去見舊情人的事情，雖然妳不過就是過去和舊情人說個清楚，不要讓舊情人來打擾你們的生活。但通常，他卻不會這麼想，他會覺得妳沒有遺忘過去，甚至引發出很多不必要的爭執和麻煩。

聰明的妳千萬不要在現任的男友面前，誇讚舊情人變得有錢了或是變帥了等等的話題，這會讓妳的男友覺得妳可能在鄙視他，說他又沒錢又不帥。

當妳的男友發覺到什麼事情之後，妳依然要保持守口如瓶，男人與女人不同，他們不會對一件事情反覆糾纏，因此，只要捱過一關，就算成功了。

與舊情人見過了，也決定讓他永遠只成為一種回憶了，那麼，妳幹嘛還要存下他的新電話呢？都過去了，不妨像歌詞中寫到的那樣生活吧——「讓往事都隨風都隨風……」除非妳想考驗一下妳現任男友的容忍力，或是想見識一下兩個男人誰更能打一下，那麼，妳大可以肆無忌憚的留著電話哦！

女人謹防網路購物陷阱

妳在網路上購買過東西嗎？妳覺得網購是否便利了妳的生活，讓妳足不出戶就能盡享購物樂趣呢？看著身邊的好友拿著從網店裡買來的新奇的商品和潮流的服裝，妳是否也心動了呢？

網路購物已經成為了一種新的潮流時尚，而女人則成了這場潮流中最忠實的跟隨者。

如果妳有過網路購物的經歷，妳就會知道，網路購物為什麼會受到那麼多女人的喜愛。網路購物不僅省錢，而且與逛街比起來它更加簡單快捷，商品的種類琳瑯滿目，是一般實體店家無法比擬的。

網路購物樂趣的確很多，但也存在著很多風險。比如：由於購買之前只能看到網路上的圖片，這就導致賣家寄過來的貨和妳想像中不太一樣，但已經到貨了，退貨的

過程又很麻煩，於是，妳就只能將買來的東西壓箱子底了。

網路購物是一種很具時尚性的行為，它本身就是一種潮流文化，但它存在的弊端也讓很多人望而卻步，尤其是對於那些在網路上購物後「受了傷」的人而言。網路購物就像是一個裝滿著糖果的籃子，讓人忍不住走上前一窺究竟，可是問題就是，妳不知道自己會挑中哪一顆糖果，有些糖果也許正合妳的口味，可是有些也可能過甜、過酸或者已經過期了。

網店有著實體店無法比擬的方便之處，但是與網店相比，實體店卻能夠帶給妳更多的享受，比如說一些大型專賣店裡的氣氛能夠為逛這裡的人營造出一種高貴的氣質與品味，這些都是能夠取悅妳的地方，也是在網路購物中無法享受到的。

時下，網路購物的陷阱五花八門，聰明的妳如何在這樣的形勢下避開網路上的陷阱，做一個網路購物達人呢？

其實，想成為網路購物達人，並沒有妳想像中那麼困難，下面就給妳提幾點小建議，希望對妳成為達人提供些許幫助。

天上從來不會掉餡餅

不可否認，妳選擇網購的原因，多半是因為網購的價格非常便宜，有時甚至能比

實體店便宜幾倍以上。但妳保持理智，妳必須要承認這樣一句話——一分錢一分貨！

在選擇購買商品時，最好選擇那些有特許或者是授權的網店。

不要刪除交易紀錄

妳在購買東西之前，一定要先和賣家進行溝通，仔細詢問妳要購買的商品特性，是否像照片上的物品一樣等等。確定購買商品後，不要急著刪除與賣家的聊天紀錄，以便發生糾紛後有證據可循。

盡量選擇第三方支付方式

建議經常網購的妳，在購買商品付款的時候，盡量選擇第三方支付平臺進行支付，不要選擇櫃檯匯款的方式，這樣有利於妳收到不滿意的商品後即時的進行退換貨程序。

驗完貨再簽收

若可以的話，請在快遞員將物品送到妳面前時，妳先打開驗收裡面的東西，是否與妳要買的東西一樣，如果不一樣，就可以馬上讓快遞員再寄回去，直接進行退貨。

如有任何疑問，應即時處理

如果妳選擇了網路支付工具，那麼，當妳發現購買的物品出現問題的時候，應當即時處理，因為一般的網路支付工具，都有其規定的時效，超過了那個時效，妳事先打在網路帳戶上的錢就會自動匯入賣家的帳戶。

不做「月光女神」

為什麼妳沒有辦法更好管理妳的資產呢？為什麼月底還沒到，妳就已經成了一個名副其實的月光族了呢？雖然妳有著一大堆的藉口，如：我發誓我沒怎麼花它就沒了；有太多的生活必需品要買了……然後事實上真正的原因卻是：「我要去買那件心儀已久的大衣；我得去辦張美容卡；我要去買那個包包……」對包括妳在內的大部分女性來說，妳們的購物方式並不是以「I need it」為基本準則的，而是以「I want it」為購買理由的。妳因為一時興起而購買的大量商品，大都讓妳在第二天的時候就開始後悔，但後悔已經沒有用了，因為妳已經註定了月底要當月光一族了。

「月光」對妳而言應該是一件非常可怕的事情，妳得不時緊衣縮食辛苦的生活，「月光」會讓妳在表面的風光下失去更多東西，因此下面就給妳簡單的介紹幾種由月光變財女的方法，供妳借鑑。

想要開源，必先節流

理財對任何人來說都不是一蹴而就，它需要長時間累積，需要妳養成好的習慣。記帳是最古老的方法之一，也是最有效的方法之一。理財初期，妳把自己每日的消費一一記錄下來，如：今天都買了什麼，把錢花在了哪些地方……這樣一個月下來，妳就能清楚的看到自己的支出，明白妳的錢都到哪裡去了。

看到了自己的一個月的出帳紀錄，妳不免要大吃一驚，原來那些看似不怎麼起眼的雜誌錢、交通費、電影票錢等等，加起來竟然有這麼多，現在的妳終於知道為什麼每個月也沒買什麼，卻成了月光族了。

知道了自己的錢都花在哪些地方後，妳就可以根據支出做出一個比較詳細的用錢計畫，這會讓妳嚐到掌握自己人生的甜頭。

此時的妳，可以做一張一個月的財務支出表，在表格上分出三個部分：固定支出、節制支出和完全節制支出。除了固定支出不能動外，妳可以在節制支出和完全節制支出中減少部分支出，並且把這些錢重新分配，久而久之，妳就會知道怎麼花錢既能享受到生活，又不至於讓每個月辛苦賺來錢轉眼間就花光了。

在妳購買衣服或者其他物品的時候，不妨先做個深呼吸，並詢問自己這件東西究竟是屬於「I need it」還是「I want it 」，因為這兩者之間有著明顯的差別，如果是妳必須要買的，那麼，妳就要毫不猶豫的走到收款臺付款；如果僅僅是妳想要的，那麼就要考慮一下，現在的妳適不適合支出這筆錢來買這件物品。

不要覺得一兩百的東西，買了就買了，因為剩下了這一兩百妳也做不了什麼。但事實上，妳現在節省下來的一兩百卻極有可能成為妳日後的幾千甚至幾萬。與其花費一兩百元購買一些沒有大用途的物品，還不如拿錢去投資。設想一下花1000元買的褲子僅僅是用於向朋友們炫耀，而如果把這1000元用於投資，年收益10％的話，20年後這筆錢會變為至少10萬元。這樣，妳會如何選擇呢？

小錢也能投資

僅僅節流只能讓妳維持原有的生活，只有懂得開源，才能讓妳的生活越過越好，因此，投資是過好的生活必不可少的環節。

基金是最適合妳的投資種類，因為，基金的風險性很小，雖然沒有股票或是證券的高利潤，但也可以讓妳穩中獲得收益。此外，購買基金並不需要掌握那些複雜的技巧，也不需要花大量的時間計算升降值，非常適合「月光族」的妳進行投資。

妳可以根據自己實際支出情況，將每個月固定薪水的20％用於定期購買基金之用，一來相當於是做到了強制儲蓄，二來還能夠獲取利潤。如果每個月定期定額投資

1000元，按照年平均投資回報率8％來計算，時限是20年，20年後妳將能得到589020元，這對曾經是月光族的妳來說已經是一筆不小的儲蓄了。

想著如何才能賺更多的錢

「月光」有兩種情況，一種是無節制的消費造成的，一種則是收入無法滿足支出造成的。對前者來說，開源節流就可以幫助妳緩解月光的現象，但是對於後者來說，除了節流之外，就是要想辦法賺更多的錢，為自己制訂一個職業規劃。

漂亮女性投資外貌，而聰明女性卻會投資內在，良好的知識儲備才是妳賺錢的根本。想要得到老闆的賞識，想要自己的薪資不斷上升，妳就必須讓自己成為一個複合型的全面人才。在短時間提升自己最好的方法就是充電，多看一些有利於妳的書籍，報名參加一些補習班等等。這些投資雖不會馬上收到回報，但是等妳收到回報的時候，妳就會覺得今天妳所做的一切都是值得的！

懂得經營

經營不是要妳去做生意，而是指購物和打理自己。

衣服、配飾是妳最常買的東西，打開衣櫥，看看自己還缺少什麼，目前已經有了哪些款式，妳買的每一件衣服都應該能和妳衣櫥裡的衣服搭配，千萬不要因為一時的喜歡而買了一件無法搭配的單品，結果為了穿上它，妳還得再花些錢去買能夠與它搭配上的衣服。

身為女人妳一定也鍾愛名牌，細算一下，購買名牌也有一些道理，首先，大品牌的東西品質都非常的好，一般來說，雖不能穿到老，也絕不會穿幾年就壞；其次，大品牌的設計樣式，一般不會輕易被淘汰，款式的流行性較好，但買新品絕不划算。一般大品牌在每個季節換季的時候都會打折，此時，應是妳上街購物的最佳時機。

不久，妳就會發現，妳這樣有計畫的購物，不但節省了不少錢，還足以讓身邊的姐妹們羨慕不已。

自己沒用的東西拿到網上去賣

網路購物時代已經到了，在網路上開一家小店，非常容易，妳可以將那些妳已經用不到的小食品、小家具等東西拍到網路上做為二手物品出售，每件物品的價格都不要太貴，一定會吸引不少買家前來光顧的，這樣妳不但清理掉了對妳沒用的東西，還在無形中小賺了一筆，實在是美啊！

做好以上幾點，輕鬆祝妳走出「月光一族」！

lesson 3

心態，讓妳越變越美

做一個樂觀的魅力女人

生活中妳是一個樂觀愛笑的女生嗎？妳漂亮的臉上總是洋溢著迷人的微笑，還是苦悶的表情？

妳嚮往奧黛麗．赫本那迷人的氣質嗎？妳希望自己無論穿上什麼樣的衣服，走在大街上都能成為眾人眼中的焦點嗎？

也許妳的相貌平平，也許妳的氣質還有待培養，但是有一種魅力，妳卻與生俱來，那就是讓自己微笑，笑著面對妳的人生，開心、快樂的生活，讓自己擁有一份樂觀向上的心態。

不要懷疑，懂得微笑，樂觀面對生活的妳就是下一個令人著迷的「奧黛麗．赫本」！

那麼，怎樣做一個樂觀向上的魅力女人呢？

從熱愛生活開始

往往情緒穩定、樂觀積極、富有事業心、熱愛工作的人，在完成一件有意義的事情後，就會體驗到成功的滿足感，這種情感非常有益於身心健康。

良好的人際關係可以使人心情舒暢

妳生活在社會之中，無法避免與同類接觸，而這種接觸的後果直接影響著妳的情緒。當一個人能夠愉快、融洽的與周圍的人相處時，就會引起滿意、愉快的情緒反應，使妳的心情舒暢。而當妳與他人之間關係緊張，甚至經常發生口舌之爭時，這種不滿意、不愉快的情緒反應，就使妳心情抑鬱不快。

將情緒操控在自己的手中

妳的情緒是受妳的意識和意志控制的。因此，妳應該主動地控制自己的情緒，善於駕馭自己的情緒，讓情緒操控在妳自己的手中。如果，妳任意放縱消極情緒滋長，經常發怒，很容易導致情緒失調，並且容易引發疾病。

時常幽生活一默

幽默感可以使人放鬆、愉快，因此是調節緊張情緒的有力工具。幽默感能減低憤怒和不安情緒，使情緒變得輕鬆，而事實證明，一個富有幽默感的女人無疑是一個充滿魅力的女人。

遠離孤獨的生活心態

年輕的妳，是否也會時常感到孤獨，一個人的時候就覺得時間過得很慢，甚至有種度日如年的感覺。

並且當妳感到孤獨的時候，妳就無法避免的開始胡思亂想，甚至到最後讓妳對生活失去了信心。

不要著急，這其實是非常正常的一個現象，妳隨著年齡的增長，隨著對人生的不同體會，難免或多或少的滋生出一種孤獨感。其實，孤獨感並不可怕，但令人憂心的是這種孤獨感如果得不到正確的疏導，而發展成為情感上的孤僻，嚴重者還會引發孤獨症，那就危險了。

下面，就為偶爾會感到孤獨的妳，推薦幾種遠離孤獨的方法。

首先，孤獨的情緒都不是空穴來風，大都是由另一件事引起的，比如看完了一部傷感的電影，回想起了自己無疾而終的愛情；或是看到了一個關於勵志成材的報導，聯想自己這麼大了還默默無聞，懷疑自己的能力；再如看到電視上自己心儀已久的品牌，但口袋裡卻空空如也……以上這些都可能是引發妳孤獨情緒的根源，找到自己究竟因為什麼原因而不開心，然後根據這件事，往好處想想看，妳一定能獲得意想不到的結果。

做為女人，妳一定要讓自己盡量保持一種豁達、達觀的心態，之所以說盡量，就因為女人大都是感性的、敏感的，難免會因為外界的一些小事，或是一些嫉妒心理作祟而導致開心度下降。但即使是這樣，妳也一定要告訴自己，沒有什麼不OK！做為一個獨立的現代女性，就要拿得起，放得下。愛情不順，那一定是他沒有眼光，告別了「劣質產品」，才能在下一個路口遇見「全優」的那個；工作不順，並不是妳的能力不強，而只是因為妳有些累了，放鬆心情，明天的妳一定會是那個充滿電的「小馬達」……

女人的壽命雖然比大多數男人的壽命要長，但也不過屈指可數的幾十年，在這幾十年中，如果妳只單純的希望好事臨門，不免有點不切實際。但只要記住這句話——「禍兮福所倚，福兮禍所伏」，當妳遇到不順心的事的時候，妳其實更應該高興才

對，因為按照上述的理論，那是好運氣來臨的前兆。因此，聰明的妳，應該懂得適時的調整自己的心情，如果妳的心理負擔過重，就必然讓妳感到疲累，容易胡思亂想。

最後，就是要改變自己。王力宏有首歌唱得好——「一點點改變，我很大的差別，妳我的力量，也能改變世界……」美玉尚有瑕疵，再接近完美的妳也不可能是十全十美的，也難免會犯這樣或那樣的錯誤。但問題的關鍵在於那些小問題發生以後，妳如何去面對。是否能像王力宏歌曲中所唱的那樣，相信自己的能力，改變自己。

此外，知道自己的不完美後，妳在日常生活中，對任何人也應懷有一顆包容的心，不能因為一些「瑕疵」把人看扁，嫌而棄之，離而遠之。這樣勢必會給妳的人際關係帶來危機，最後也只能得到一個人獨處的孤獨感，久而久之，形成孤僻和自傲自大的壞毛病。

聰明的女人，從不會因為獨處一室或者是一些外界因素而讓自己陷入孤獨、抑鬱的情緒之中，因為她們總是知道，生活之於她們是美好的，即使有時不那麼完美，她們也會自己朝著美好的地方想。

避免發怒的習慣

有些時候，再怎麼淑女的妳，也不可避免對某件事或者是某個人發怒，雖然妳知道發怒並不是一件好事，還會破壞掉妳溫婉的淑女形象。

其實，發怒是我們日常生活中最為常見的情緒之一，也算是一種不良的情緒。大多數情況下，發怒的原因並不是因為妳的無理取鬧，而是因為對方做錯了事情，但即使是這樣，妳也要分場合、分時間的發洩妳的憤怒。

那麼，當生活中，妳遇到令人很生氣的事情，該怎樣避免發怒呢？

首先，迴避。生活中遇到能引起人發怒的刺激時，應當力求避開，俗話說得好，「眼不見，心不煩」，對於那些看不見的煩心事，怒氣便會減輕。這是自我保護性的制怒方法。

其次，轉移。在受不良刺激時，大腦會產生強烈的興奮，這時如果主動地在大腦皮層裡建立另外一個興奮點，用它去抵消或削弱引起發怒的興奮，就會使怒氣平息。比如盛怒下的妳，看到可愛的小狗狗在追著咬自己的尾巴，怒氣就會明顯較少，就是這個道理。還比如說，等妳感到頭痛時，不去想它，而是聊一些感興趣的話題時，會明顯感覺到疼痛緩解的道理。

再次，控制。這是一種主動的意識控制，也是制怒最基本的方法之一，主要是用

自己的道德修養、意志修養緩解和降低憤怒的情緒。

最後，交談。交談是平靜制怒的方法，妳可以找來自己的閨中好友，對她訴說某件令妳憤怒的事，即使過火也沒有關係。因為，閨中好友是完全能夠做妳的垃圾桶的，因為她是局外人，所以能夠在妳講完整個事件後，給妳做出一個公正的評判，甚至可以引導妳從另一個角度來看待同一個問題或同一個人，進而改變妳的某種看法。

放棄也是一種美

從小到大，妳放棄了多少事情，有哪些事情是妳至今記憶猶新的？又有多少事情是妳不願放棄卻又不得不放棄的呢？

生命就是一個不斷選擇和放棄的過程，這一生中，妳要背負的東西很多，有一些東西會到最後演變成為妳的負擔，這個時候妳就要做出取捨。因為，只有一個懂得取捨的女人，才是一個有資格追求幸福的女人。

放棄不是永遠的離開，它只是為了做到「退一步海闊天空」而已，是為了明天更好的衝刺做準備。對女人而言，放棄是一種心計，只有懂得放棄那些不屬於自己的東西的女人，才能獲得真正屬於自己的幸福！

放棄，對妳來說，可能會是一個痛苦的過程，因為放棄，就是已不再擁有。但如果妳選擇不放棄，選擇全部擁有，最後妳將會失去一些。

生活給予我們每個人都是一樣多的，妳只有學會放棄，才能選擇更多適合妳擁有的東西。一個決定可能會改變妳的一生，這決定的對錯與否，恐怕只有妳自己親自經歷過以後才能體會。

和每個女人一樣，通常妳最怕失去的，往往不是那些妳已經擁有的東西，而是失去未曾實現的夢想。

愛情只是妳生命中的一個過程，失戀就是妳必須要接受的經歷。身為女人的妳，想要幸福的生活，就不能拖拖拉拉，就要乾乾脆脆、瀟瀟灑灑的放手。因為，妳知道，下一個更適合妳的人已經在某個十字路口處等待著妳，他才是能夠給妳幸福的「真命天子」！

生活中的一些錯誤，是需要妳付出代價的，這些代價就是放棄。有些放棄能夠讓妳受到教訓；有些放棄則能帶給妳心靈的解脫。生活中的垃圾妳可以不皺一下眉頭就輕易丟進垃圾桶，那麼，情感上的垃圾也不應讓它在妳的心裡腐爛變臭，而是應趁早清理乾淨，無需抱殘守缺。

生活中，妳不要總想著挽回，有時人生需要放棄，因為放棄，所以妳才能感受到

溫暖與幸福。

放棄是一門藝術。在崇尚物慾的今天，需要妳去選擇放棄的地方實在太多太多了。與其說好好選擇，不如說應當好好的放棄。妳會發現，人生短暫無常，但有一點不會變，那就是妳放棄的越多，得到的也會越多，而那些自始至終都不肯放棄的女人，將會一無所有。

那麼，生活中妳應該善於放棄哪些東西呢？

首先，要善於放棄一些生活中無關緊要的瑣事。舉凡一個有事業心的人，他的精力往往傾注於事業，對與事業無關的或生活中的瑣事往往善於遺忘。一個人若對自己的金錢、地位和榮譽難以忘懷，或整天記住生活中之瑣事，便不太可能在偉大的事業上有所成就。

其次，要善於放棄無關的知識。不錯，知識決定命運，但一個人的精力是有限的，這也想學，那也想做，勢必會忙不過來，最終只能落得個一事無成。有所捨才能有所得，勇於捨棄一些無關的知識，才能擁有更多的發展空間。

健康的身心從摒棄不良的生活心態開始

妳的「心」健康嗎？

妳總會被生活中這樣或者那樣的瑣碎之事而憂心忡忡、煩惱不已嗎？不安與煩躁的表情是否總是掛在妳那漂亮的臉上呢？

如果妳的答案是「YES！」那麼，妳一定要注意了，這說明妳的「心」正在一點點的變「壞」！

古語有云：「人生在世不如人意十之八九，如人之意一二分。」一般來說，妳的一生中處於順境的時間要遠遠少於逆境的時間，這也就難免人們會把生活比成一顆怪味豆，酸、甜、苦、辣，世間的百般滋味盡在其中。很多人對於這些得失、成敗看得開、放得下；而很多人卻無法在短時間內釋懷，常常怨天尤人，懷恨

在心，產生有礙身體健康的不良情緒。

長時間持續性的不良情緒，特別是煩惱、憂鬱、悲傷的消極情緒，不僅會讓妳身邊的人對妳產生不滿，還會嚴重影響妳的身體健康。

日常生活中，妳無法避免會產生這樣、那樣的煩惱，但如果這些不良情緒長期持續下去，難免會給健康帶來危害。因此，如何排解煩惱，使自己恢復愉快的心情，變成了保持健康的另一件大事。以下是三種不讓煩惱困擾妳的方法。

（1）**傾訴**：當人們心中有煩惱時，常希望傾訴出來，以慰藉心靈。但是，很多人卻常常為沒有這樣的傾訴人而感到煩惱，其實，妳完全不必考慮太多，過分的憂慮反而會加重妳的煩惱。

（2）**自我發洩**：如果妳實在沒有什麼可以傾訴的人，建議妳採用自我發洩的方法，如果心煩時，妳可以選擇跑、跳、吼、叫、撕紙、拍桌等自我發洩，都是行之有效的絕妙好招。發洩後，妳會感到剛才的不快與煩惱已經都煙消雲散。不過，此法宜隱蔽自行為宜。

（3）**購物**：不可否認，當妳心情鬱悶的時候，購物絕對是一個非常不錯的緩解壞情緒的方法。但是，在緩解不良情緒的同時，也要量力而行，切勿使自己入不敷出。

和壞情緒說bye bye

身為女人的妳一個月中總會有那麼幾天情緒很壞，這本沒有什麼大問題，畢竟每個女人都是這樣過來的，但是，很快妳就發現，妳的壞情緒不僅僅只停留在那幾天，它已經開始蔓延妳的全部生活了。

妳莫名的感到壓抑，想要發火，平常那些根本不會激怒妳的事情，現在卻都成了妳爆發的導火線，很快妳的名字就遠近馳名了——那個壞脾氣的女人！

生活中，妳只是一個平凡的女人，妳不可能事事都做到完美，妳總是無法避免遇到這樣、那樣不愉快的事情，那麼，妳應該如何面對這些由於不快而帶來的壞情緒呢？

適時的發洩

比遭遇壞情緒更糟糕的事情是什麼？是心裡有苦卻不能說出來的那種鬱悶心情。因此，當我們遭遇不快時，千萬不要壓抑它，而是適時的將其發洩出來，想哭就哭，也許只是幾分鐘，妳就會明顯感覺到不同變化，妳的心情也會隨著妳對壞情緒的發洩逐漸變得好起來的。

傾訴

我們常說有福同享，有難同當，但是妳卻慣於將喜悅與人分享，而將苦悶獨自品嚐。大多數人把訴說當作是一件可恥的事情。這樣的想法其實是大錯特錯的，正如妳開心的時候與人分享，會感到一種強烈的幸福感一樣；當妳難過、不開心的時候與人分享也能夠減少妳的煩惱。因此，當出現壞情緒時，不妨先做做深呼吸，然後對朋友傾訴一下，妳會發現，壞心情在不知不覺中被化解了，

假裝快樂也很快樂

妳可以試驗一下，當妳早上一起床妳對著鏡子說不同的兩句話：「我今天難過極了」；「我今天開心極了」。妳會發現，妳這一天會順著妳說的這兩句話發展下去，但其實妳並不知道妳會發生什麼樣的事情，而心理學上稱這樣的現象為心靈暗示。

一個不怎麼快樂的人，總是想一些開心的事情，他的壞情緒也會隨之減少，而一個本來就很開心的人，依舊想一些開心的事情，他就會感到很幸福。因此，當妳感到抑鬱的時候，可以多回憶一下愉快的事情，還可以用微笑來激勵自己。此外，高聲朗讀也是有好處的，只是讀書時要有表情，還要選擇振奮精神而非抑鬱的讀物。

思維轉移

很多時候，當妳面對一件事情久了時，就會感到厭煩，就必須要轉移一下思維。這就好比上學的時候，我們做一道很難的數學題，怎麼想也想不到答案時，反而休息一下，想一些別的事情後，竟然能奇蹟般的想出這道難題的答案。這就是轉移思維的益處所在。因此，當妳因某事煩惱時，最佳的方法就是停一停，千萬不要一根筋的想破腦袋，應該轉移注意力，或者乾脆暫時放下手上的一切，舒緩一下緊張的心情，聽一聽舒緩的音樂或外出散散步等。待心情平穩後再來解決困難，妳會發現，原來事情並沒有那麼糟糕，結果往往峰迴路轉。

女人要學會用寬容的眼睛去看世界

試想一下，妳穿著一件非常漂亮的大衣，優雅的坐在那裡，在場的所有人都向妳投來了羨慕與欣賞的目光。這時一個曾經令妳很生氣的人出現了，他走過來意圖想要和妳打招呼，妳沈默了一會兒，然後給了他一個迷人的微笑，這時全場的人再次將目光投向妳，並且為妳的微笑竟然能夠如此迷人而感到詫異，然而，他們不知道，妳自己卻非常明白，這是寬容的魅力，因為妳的心裡有了寬容之心，妳的笑容中有了愛！

寬容是一種與眾不同的氣度，它需要擁有它的人具有寬廣的胸懷。而身為女人的妳的寬容則更難能可貴，不僅是一種高尚品質，也是妳成熟的表現。寬容具有著一種愛的光芒，得到它的人與使用它的人一樣，都是幸福的人。妳對別人的釋懷，其實就是對自己的寬容。

寬容對女人而言是一種生存的智慧，蘊含著生活的藝術，學會包容，妳就能獲得一份從容、一份超然。

妳想要得到幸福，就必須要學會寬容，讓自己擁有安靜、淡然的心態去做自己想要做的事情。整日為一些閒言閒語、磕磕碰碰的事情鬱悶、惱火、生氣，總去找人訴說，與對方辯解，甚至總想變本加厲地去報復，這樣只會給妳帶來煩惱，讓妳失去更多美好的東西。

身為女人的妳要讓自己成為一個生活中的強者，那麼，妳就必須讓自己變得大度一些，懂得笑對人生。很多時候，妳的一個微笑，一句笑話，就可以緩解那些不必要的衝突，填平感情的溝壑。

學會寬容也是妳走向成熟的標誌。妳不難發現舉凡具有寬容之心的人，常常會表現出勇於承擔責任的作風，如果妳也肯檢驗一下自己，那麼就可以從過往的事情中找到自己所應負的責任。

當然，妳在對別人寬容的同時也要懂得對自己寬容。妳既然可以對他人這麼寬大，難道就沒有資格獲得自己這種仁慈的對待嗎？沒錯，妳的確犯了錯，但在這個世界上，誰沒有犯過錯呢？妳的一生中總會犯這樣或者那樣的小錯誤，如果妳對每一件事都耿耿於懷，深深地自責，那麼，妳只能背負著一輩子的罪惡感生活了，妳還希望這樣的妳能夠獲得幸福嗎？

身為女人的妳要懂得用寬容的眼睛看這個世界，也要用寬容的眼睛來看待自己。人生在世，只有妳還在呼吸，妳就有責任讓自己生活得幸福，愛自己，愛他人，這才是生命的意義。妳還必須懂得如何與自己相處，如何在寬容別人的時候也多給自己一些寬容。

糊塗難，做個懂得「糊塗」的女人更難

妳覺得自己是一個聰明的女人嗎？如果妳的回答是肯定的，那麼就說明妳是一個不懂生活的笨女人，為什麼這麼說的，因為一個真正懂得生活的女人，從來不會顯露出自己的聰明，她們寧願讓自己糊塗一點，生活得幸福一點！這種「小事糊塗」的做法，不僅是處世的一種態度，亦是健康美容的秘訣之一。

妳覺得做女人，什麼才是聰明？什麼才是糊塗？其實聰明與糊塗之間本沒有什麼界限，糊塗到了極致就是聰明，而聰明過了頭反被聰明誤。所以說，做個糊塗的女人又何妨？

如果妳也是一個糊塗的女人，妳就會知道糊塗的女人還可以更自我一點，自得其樂沒有什麼不好。何必非要強出頭做一個聰明的女人呢？妳總是強調自己有一雙善於發現的眼睛，但有些時候，當妳發現了以後，妳才後悔還是不發現的好。

糊塗的女人從來不會研究什麼「看」老公政策，她們常常睜一隻眼閉一隻眼，所以她們看不到老公身上有什麼不對。她們總是認為，那個男人要是愛妳，妳什麼方法都不用想，他也不會離開妳。但是，那個男人要是不愛妳，妳就是想破了頭，也未必能找到一個好的方法拴得住他。糊塗的女人不會讓可笑的聯想連累了兩個人的心，得不償失的是自己，悲傷、憔悴的還是自己。

身為女人，妳的一生都是美麗多彩的，不同年齡階段的妳有著不同的美麗。還是小女生時，妳的美猶如清澈的泉水，純淨、清新；少女時，妳的美猶如夜晚的月光，安靜、迷人；成熟時，妳的美如同大海，包容、深邃……

當妳經歷了由一個小女孩轉向成熟女人的過渡，再向婚姻家庭過渡後，經過時間的積澱，妳就更能體會到為什麼糊塗的女人才是最美的女人了！

那麼什麼時候該糊塗且恰到好處呢？

做一片汪洋

回首一下他對妳的愛情誓言，差不多全是捉襟見肘的。如果妳真的心血來潮認真起來，略做考證便可以將他對妳的豪言壯語和溫馨的空頭許諾，批駁得體無完膚，片甲不留。但糊塗的妳會不動聲色地相信和默認它。

給他最大的信任

家長裡短才是最大的事，糊塗的妳只會相信他一個人，從不會捕風捉影，自尋煩惱。

不肯定也不要否定

如果妳的他興沖沖的從服裝店回來，手裡拿著為妳精心挑選的衣服，這時妳卻對他給妳買的衣服品頭論足，百般挑剔，他心裡不煩才怪呢！糊塗的妳會投來欣賞的目光，口中唸唸有詞，很高興，買了就好。

感情的事沒有錯與對

兩個不同的人生活在一起，不發生爭執是不可能的，但是發生了爭執，妳也沒有必要一定要追根究底，討論出個誰對誰錯，誰勝誰負不可。倘若過分熱衷於弄清誰是誰非，一味地斤斤計較，只能是「火上加油」激化彼此之間的衝突，糊塗的女人會懂得不去爭論事情，讓它過去吧！

做一個生活中的「糊塗」女人，充分的享受屬於妳的幸福生活吧！

lesson 4

健康，讓妳持久美麗的原動力

簡單易行的床上運動法

忙碌的妳或是懶惰的妳，沒有時間去健身房，或者是到戶外場地進行鍛煉嗎？妳的體形和身體健康正在一天天的下降嗎？

不用擔心，其實運動並沒有妳想像中的那麼困難，也無需非要去健身房，很多時候，運動可以既簡單又方便，比如今天我要向妳推薦的床上運動法，妳人醒後不必馬上起床，可在床上進行簡單的健身運動。

1. 臉部運動：微微伸展五指，輕輕地搓臉，用雙手揉捏鼻翼兩側的迎香穴數次，然後向上搓至額頭，再沿著兩頰搓到額尖會合，如此重複20次，可達到美容養顏的效果。

2. 拉耳垂：兩手輕輕地向下拉伸耳垂，這種做法可刺激耳垂上的穴位，具有調節內分泌的作用。

3. 頭部運動：張開五指，以中指為中心，從額頭部向後梳至枕部10次，可使頭

髮柔軟，改善頭部血液供給，具有提神健腦的作用。

4.手指動動：五隻手指依次彎曲再伸直，每彎其中一指時，其他四指均伸直，重複20次即可。此練習可以預防心血管類疾病的發生。

5.軀幹運動：身體平躺，雙手自然垂下，緩緩地抬起右腿和左手，並在空中堅持10秒後緩緩地放下，之後再仿照抬起左腿和右手。反覆做10次即可。這種做法可以增強肌肉的彈性，預防腹壁肌鬆弛，還能發揮減肥的功效。

女人吸菸的習慣害處多

妳吸菸嗎？妳為什麼而吸菸呢？生活壓力還是感情不夠順利。

隨著時代的發展，妳像越來越多的女人一樣從幕後走到了臺前，由於受到女性自身特殊的影響，妳在工作上的壓力往往高於男性，因此妳有了吸菸解壓的習慣，

或許妳也會在夜晚酒吧燈光的照射下，穿著閃亮短裙，坐在吧臺處，手裡拿著一根緩緩燃燒的菸，深深地吸一口，用朱唇緩緩吐出一個又一個圓圈，這樣的場景對妳而言是性感的，殊不知，吸菸對女性的危害尤其嚴重。

1 吸菸容易引起女性不孕

對於吸菸的妳來說，妳面臨的最大問題可能就是不孕。比起非吸菸的人來說，女性吸菸的生育問題會高出72％。越來越多的實驗證明，吸菸會使排卵減少，並使卵細胞和精子結合難度增加，結合後極易流產。

2 吸菸容易引起盆腔炎

對於吸菸的妳患盆腔炎的機率高出不吸菸者15倍。盆腔炎是一種患病後需要即時

治療的婦科疾病，因為它是導致子宮外孕的主要成因。另外，盆腔炎也會導致不孕。

3 吸菸易使更年期提前

如果妳從十幾歲就開始吸菸，那麼妳的更年期便會比不吸菸的女性提前至少8年。

4 吸菸易引起骨質疏鬆

隨著年紀變大，大多數人都會罹患得骨質疏鬆。但事實證明，吸菸會導致骨質大量流失，繼而導致骨質疏鬆。如果妳每天吸一包菸，在妳45歲以後骨質會比其他人流失速度快5倍。

5 吸菸與心臟病

每年大約有34000位女性死於與吸菸相關的中毒性心臟病。雖然這些死亡病例大多

數都是更年期後的女性，但是吸菸的妳患這類心臟病的可能性會高很多。比起男性吸菸，女性吸菸患心臟病的機率更高。

6 吸菸容易引起婦科腫瘤

研究發現，對於吸菸的妳患上乳癌比不吸菸女性患上該病症的死亡率高出20倍。而如果妳每天吸兩包以上的菸，那麼妳患得乳癌的可能性比正常人高75%。如果妳現在立刻戒菸，患乳癌的風險則會降到正常人水準。

女性健康禁忌

為了生活也是為了證明自己，大學畢業後，妳便開始了妳的職業生涯，然後，工作並沒有妳想像中那麼輕鬆順利。身為女人的妳要想得到認可，往往要付出一個男性所付出的幾倍以上。妳在職場上所承受的壓力常常是超負荷的。這就要求妳更應該注意保護自己身體，盡量避免踏入工作和生活中的健康錯誤中。一般來說，影響妳健康的錯誤主要有以下幾點：

錯誤一：超負荷工作

隨著競爭愈來愈激烈，妳的工作節奏日趨緊張，精神上容易產生巨大壓力，精神上和身體上的超負荷狀態對健康是非常不利的。如果妳不注意休息和調節，中樞神經系統持續處於緊張狀態會引起心理過激反應，久而久之可能導致交感神經興奮增強，內分泌功能紊亂，產生各種身心疾病。因此，妳要注意緩解心理上的緊張狀態，做到勞逸結合，張弛有度，合理安排工作、學習和生活，堅持運動鍛煉。

錯誤二：憂愁抑鬱

生活中的煩惱在所難免，將憂愁、煩惱壓在心中顯然是不妥。心情不好應學會心理調節，盡量想辦法宣洩或轉移，如找好友聊天，一吐為快，或縱情山水，飽覽大好河山，使心胸開闊，熱愛生活。

錯誤三：盲目減肥

愛美之心，人皆有之，妳尤其如此。許多人千方百計想減掉自己體內多餘的脂肪，減肥茶、減肥餐等各式各樣的減肥措施令人眼花撩亂。減肥者想速見成效，拼命節食，結果是體重減輕了，身體卻垮了。

錯誤四：飲茶過濃

妳有飲茶的習慣嗎？茶可消除疲勞、醒腦提神，提高工作效率。飲茶好處固然不少，但茶鹼太多也有壞處，茶是一種有效的胃酸分泌刺激劑，而長期胃酸分泌過多，是胃潰瘍的一個重要致病因素，所以應在茶中加入少量牛奶、糖，以保持胃黏膜免受或減輕胃酸的刺激。

不可小覷的乳房疾病

乳癌已經成為了女性健康最致命的殺手之一，那麼，應該怎樣防治乳癌呢？怎樣將乳癌擋在健康的門外呢？

從飲食入手——在吃上封鎖乳癌

有關專家指出：乳癌的發生與飲食密切相關，注重調理日常飲食，有益於乳癌的預防。

1. **控脂減肥**：經女性健康專家研究發現，癌細胞在身體中時，大多數情況下都是

處於「起始」狀態，只有當其受到猛烈的、長期的「刺激」之後，癌細胞才能迅速增殖直至發病。高脂肪飲食是乳腺癌的促發「刺激」一劑，長期大量攝取脂肪，可使身體產生大量類雌激素及前列腺素樣物質，這類物質過量可刺激癌腫的增長。大量攝取脂肪，還可使身體發胖和免疫機能降低，就使癌症有了可趁之機。因此，控制脂肪的攝取，減輕肥胖，提高機體免疫機制和抗病能力，就能有效地預防和減少乳癌的發生。

2.避免飲酒：飲酒對於女性來說，其危害要比男性大得多，飲酒婦女患乳癌的危險性較很少飲酒者高，每日飲酒1杯或1杯以上者，乳癌危險性比很少飲酒者增高45%以上，這種危險性在停經前婦女中最為顯著。目前認為，酒精可刺激腦垂體前葉催乳素的分泌，而催乳素又與乳癌發生有關。因此，女性，尤其是停經前後的女性，應戒酒和少飲酒。

3.少喝咖啡：咖啡、可可、巧克力，這類食物中含有大量的黃嘌呤，黃嘌呤可以促使良性乳腺增生，而良性乳腺增生又與乳癌發生有關。女性特別是停經前婦女，如果過多地攝取這類食物，隨著黃嘌呤的大量攝入，乳癌發生的危險性就會大大地增加。因此，女性，尤其是中年以上的女性，應少飲咖啡，少吃巧克力。

4.多吃果菜：研究發現，粗糧、蔬菜、水果中，除含有大量具有防癌抗癌的植物纖維素、維生素和微量元素外，還含有多種能阻止和減慢癌症發展各個階段的生物活性物質，其中以大豆類、玉米、食用菌類、海藻類、大蒜、番茄、橘類和漿果類水果等效果最為顯著。因此，在日常膳食中適當地多吃些這類食物，不僅有益於健康，還有助於乳癌的預防。

5.飲食習慣：亞洲婦女的乳腺癌發病率遠遠低於北美及歐洲婦女，這可能與飲食習慣與生活方式有關。近年來發現，黃豆及其製品的防癌作用，主要與黃豆中的異黃酮有關。因此在飲食上，婦女們應該避免高脂飲食，少食紅肉多吃白肉。高脂肪飲食可使乳腺腫瘤發病率增加，飲酒婦女患乳腺癌的危險性也很高，而且這種危險和飲酒量直接相關。應該說，透過對飲食的調整，減少過量的肉類、煎蛋、黃油、甜食、辛辣等食物的攝取，增加綠色蔬菜、水果、胡蘿蔔素、菌類、豆類的攝取量，均有利於降低乳腺癌的發病率。黑麵包等粗

糧、水果蔬菜類低脂肪高纖維類食品，由於能降低血中雌激素的水準，所以具有預防乳腺癌的作用。如果再加上經常食用優酪乳、乳酪等發酵的牛乳製品，那麼，罹患乳腺癌的危險性可降低77%。

運動健身，維持良好的身體狀態

國外有人做過統計，育齡婦女每週平均進行4小時的運動鍛煉，患乳腺癌的危險性要減少60%。在各行各業中，運動員的乳腺癌發病率最低，天天大運動量，消耗了多餘的脂肪，身上沒有贅肉，體內的雌激素保持在低水準，當然就不會與乳腺癌「有染」了。運動可以使女性體內的雌激素水準下降，減少排卵次數。尤其是可讓能生成雌激素的腹部脂肪聚積減少，讓免疫系統功能處於良好狀態。

戒菸

人體內有一種可以減少菸草中致癌毒物作用的酶，有些女性體內的這種酶活力很低，所以她們一旦吸菸，就比其他人更容易罹患乳腺癌。

OL如何預防心理疾病

「一年之計在於春」，說的是一年的計畫都要在春季制訂出來，然後在這一年裡逐步實施完成。然而，正是這句千年俗語使得一些商務人士在春季發生了「恐春抑鬱症」。

在春天這個容易發病的季節，除了要調整和保持良好的生活習慣外，不妨給自己開一張「快樂處方」。讓自己快樂起來，什麼抑鬱情緒都會被一掃而光。想要對付和預防「抑鬱」，除了做專業的心理輔導和藥物治療外，最重要的當然是自己調整心情了。

處方1：保持友善的心態

快樂的心態能使人體神經系統的興奮水準處於最佳狀態，促進體內分泌出一些有益的激素、酶類和醯膽鹼，把血液的流量、神經細胞的興奮調節到最佳狀態，提高身體的抗病能力。

處方2：積極參加運動

每天適當參加一些力所能及的運動，比如快走、慢跑、散步、體操等，堅持1～2個小時，可以排解陰霾的心情。如果有條件的話，建議妳嘗試一下衝浪運動，從衝浪板摔下來的經歷，可能遠超過四平八穩地站在衝浪板順著海浪滑向陸地的經驗。不過不管成功或失敗，只要抱著衝浪板走進海水，所有的煩惱都將拋諸腦後。

處方3：快樂食物對抗抑鬱

有時候，吃也是一種快樂！吃一些「快樂食物」，如深海魚、香蕉、葡萄柚、菠菜、櫻桃、南瓜、全麥麵包等，保證能讓妳快樂起來。

處方4：快樂記事簿

即使妳沒有每天寫日記的習慣也不要緊，只要準備個小本子，記下每天的快樂心情和使妳快樂的人物和地點，不開心的時候就拿出來看看，留住生活中美好的時光，千萬不要將不愉快的情緒留到明天。

處方5：享受音樂

辛苦工作後，利用短暫的休息時間，聽聽自己喜歡的音樂，好好地獎賞自己一番，陶醉在優美的音樂旋律中，就算是只有短短的10分鐘，也能幫妳減輕疲勞，帶給妳不可思議的美妙感受。

處方6：買鮮亮的衣服

不要讓自己變成「月光族」，但是卻可以在明亮的春天用鮮亮的色彩裝扮自己，尤其是在不開心的時候，要挑選鮮豔的顏色，讓衣服改變妳的心情。

處方7：慎用鎮定類藥物

正因為失眠是導致抑鬱的罪魁禍首，所以不少人為了治失眠，就吃各種鎮靜藥。據瞭解，超過八成的失眠人群存在藥物依賴性，多數是靠鎮定藥物。不過，失眠是由心理、疾病、藥物、環境、體質等五大因素引起的，一味靠鎮定藥物，只能適得其反。如果失眠，應到醫院失眠專科門診就診，由醫生進行針對性治療，千萬不要濫用鎮定藥物。

「性感之事」讓妳的健康亮紅燈

女人愛美，這是千古不變的事情，而擁有苗條的身材也是每個女性朋友夢寐以求的事情。但是，世界上的事情總是很難十全十美，因此，部分女性朋友為了彌補自己的先天不足，除了節食瘦身外，多半都會選擇穿上一個有束腰效果的內衣或者外衣。但是，束腰過緊或是長期穿著束腰衣服便會給健康帶來很多麻煩。

第一，束腰會增加腹部的壓力。束腰會使腹部感到明顯的壓迫感，阻礙下肢的血液循環，導致腰腹部靜脈血液迴流不暢，引起痔瘡等病症。我們對痔瘡可能都有所瞭解，但是對於束腰也能夠引起痔瘡，可能大多數人還不知道。

第二，束腰過緊影響消化系統的正常運作。人體腹腔內有胃、腸、胰、脾等器官，如果長期束腰，便會對這些器官造成影響，特別是胃，由於主要是靠蠕動消化食物，但是一旦束腰太緊或時間太長，就會對胃造成壓力，影響胃部的血液循環，最終導致胃功能下降，引發消化不良。

第三，長期束腰容易破壞腹腔內臟器的功能。長期束腰很容易將身體分成兩個部分，一部分向上擠壓肝臟等器官；另一部分擠壓膀胱、子宮等器官，導致這些器官血液流通不暢，進而影響腹腔內臟器的正常運作，此外，從身形上看，長期穿束腰衣後，會出現葫蘆身形，十分難看。

由此可見，在日生活中盡量不要穿束腰衣，如果非穿不可盡量不要勒得太緊，休息時即時脫下來，換上寬鬆的衣服，如果已經出現不適症狀，應即時去醫院就診。

丁字褲，內褲的一種，因為其形狀像極了英文字母「T」，故又稱T型褲，是目前比較流行的一種能夠充分展示女性魅力的時髦裝束，特別受許多年輕女性的青睞。

但是，婦科專家提醒愛美的女性朋友，在追求漂亮的同時，千萬不要忽略了健康問題。丁字褲是T型的，即使在會陰等皮膚嬌嫩處，它也只有一條繩子粗的布帶，很容易與會陰部的皮膚發生摩擦，引起局部皮膚充血、紅腫、感染，甚至破損、潰瘍，更有一些丁字褲為了強調貼身效果，由透氣性較差的化纖材料製成，因此更容易引起皮膚過敏和感染，引起婦科疾病。

丁字褲除了容易誘發陰道炎等婦科疾病以外，過緊的丁字性感內褲還會壓迫肛門周圍的血管，增加女性患上痔瘡的機率。所以女性朋友應盡量避免穿著丁字褲，如果非要穿，也應該注意穿著的時間搭配，盡量不要長時間穿著丁字褲。回家後還應即時換上棉質、寬鬆的內褲，使局部能夠得到充分的休息，保持血液正常循環。

其次，穿丁字褲的衣著搭配也很重要。穿丁字褲時，最好穿相對寬鬆的外褲，不要穿同樣緊繃的牛仔質地或是透氣性較差的彈力褲之類的服裝。而且還要注意勤換衣褲，年輕女性即時更換穿著時間超過24小時的丁字褲，盡量減少陰部發炎的機會。如

果發現局部有病症或處於經期、經前兩週的排卵期，都要避免穿丁字褲。

經常佩戴變色眼鏡害處多

愛美的妳一定是一個很注重全身搭配的女生，因此，尤其是夏季來臨，陽光照射強度很大，出門前，妳總會精心挑選一身適合自己的衣服外，再為自己挑選一款很搭配妳氣質的太陽眼鏡。而那種時尚前衛的變色眼鏡會不會是妳的首要選擇呢？

如果妳的答案是肯定的，且妳告訴我，還經常佩帶這樣的變色眼鏡出門，那麼，我可要告訴妳一件不太好的消息嘍！因為，變色眼鏡對妳的眼部健康是極其不利的。

變色眼鏡也屬於我們常說的太陽眼鏡，人們選擇戴它的原因主要有兩個：一是遮陽，避免太陽對眼睛的傷害；二則是增添風度。

變色眼鏡不同於普通有色遮陽鏡片。變色眼鏡由於其鏡片玻璃內含的化學成分不同，所以在不同的光線下可以變幻出不同的顏色。變色眼鏡一般經太陽的照射會變成黃色、茶色和淡藍色，對紫外線和紅外線都有一定的吸收作用，能夠減少紫外線對人的眼睛的傷害，同時也以其個性的外觀被越來越多人追捧。可是，眼科專家警告我們，長期佩戴有色眼鏡害處多。

變色眼鏡之所以能夠變色，是由於這類眼鏡中含有變色物質鹵化銀，這種物質隨光線的強弱而發生變化。日光中包括可見光、紫外線、紅外線，戴上有色眼鏡後，由於可見光減弱，瞳孔長時間處於擴散的狀態之中，於是紫外線進入眼睛的量也會成倍增加，會對眼睛造成嚴重的傷害。過量的紫外線進入眼睛後會引起角膜水腫，失去原來的彈性和光澤，使瞳孔對光線的反應變得遲鈍，視力下降。此外，紫外線長時間的作用於眼睛，還極易引發白內障。

另外，生活中有很多人對紫外線過敏，因此經常佩戴變色眼鏡還可能引起視網膜炎，嚴重損害視力。一般，中老年人尤其不宜佩戴變色眼鏡，因為中老年人的視力調節能力逐漸衰退，生活中需要充足的陽光，而充足的光線會使變色眼鏡的顏色加深，導致瞳孔擴大，久而久之，容易誘發青光眼。此外，高度近視人群也不適宜佩戴變色眼鏡，其可增加近視者的近視程度。

切莫對飾品「愛不釋手」

首飾是女人最喜愛的物品之一，如果是小女生喜歡絨毛玩具，因為她們想要做一個可愛的女生，那麼小女人喜歡首飾，便是因為她們渴望自己成為一個優雅的氣質女

人。

首飾有很多種，比如說彰顯女人氣質的金銀首飾、彰顯個性的首飾……

金銀首飾是奢華的象徵，尤其對白金和黃金來說。由於這些金屬的礦石含量很低，且提煉過程比較複雜，因此價格要比一般的首飾高出很多。但是儘管它的價格很昂貴，佩戴後依然會給妳帶來健康隱患。

金礦石中常含有放射性元素。在開採、提煉的過程，少數放射性元素會殘留在成品首飾上，在佩戴的過程中就會受到輻射之害。因此，不少人在佩戴金首飾後出現皮膚、呼吸系統及消化系統疾病。

英國一家衛生機構對1000件金首飾進行了檢測，結果發現其中有80多件都含有不同程度的放射性元素。當人們佩戴這些含有放射性元素的首飾時，無疑是等於慢性自殺，輕者引起身體上的不適，重者還會導致癌症的病發。

而那些鍍金製品，在使用的過程中會不同程度的釋放一種有害物質，這種有害物質能夠引發皮膚炎。如果人們在過多出現破損後依舊戴這種質地的裝飾品，細菌還會加速有毒物質的釋放。

因此，妳在佩戴金銀首飾時一定要謹慎，如出現過敏或者紅腫的現象，應即時拿掉首飾。此外，睡覺時應拿掉所有的首飾，多病體虛的人群建議最好不要佩戴首飾。

除了一些昂貴的金銀首飾品受歡迎外，地攤上的小飾品更加受歡迎，這類飾品不僅外觀時尚，並且價格低廉，適合各類人群購買佩戴。

此外，這些飾品質地多樣化，除了自然的棉、麻、木、石、皮革之外，還有鍍金、鍍銀、鎢鋼製品等等，可謂是實惠又好看。但是這其中也不免會有一些劣質品存在，這些劣質品由於在製作過程中添加了多種化學成分，因此在佩戴後極易引起皮膚過敏等不良症狀。

眾所周知，皮膚過敏都是某些物質的媒介與皮膚接觸之後引起的不適症狀。除了化妝品引起過敏外，一些食物也會引起過敏。而佩帶在身上的飾品，因為材質不良或添加了有害的物質，同樣也會引起皮膚過敏。如電鍍的金屬漆、用於裝修的彩色漆等等，因此在購買地攤上流行小飾品時一定要多加注意。

此外，在佩戴飾品時一旦感覺不適，應立即停止佩戴，並盡快就醫。避免延誤病情導致由單一性過敏源引發的過敏性皮膚。

經常染髮、燙髮的習慣有害健康

隨著時尚潮流的不停變遷，越來越多的人開始將美麗的標準轉移到自己的頭髮上

來，覺得有個好髮型，不僅能夠彌補自身的缺陷，還能夠彰顯出自己與眾不同的個性。因此，市面上的各種染髮、燙髮頓時十分熱門。愛美之心人皆有之，愛美本沒有什麼錯，只是為了美而肆無忌憚的傷害自己原本健康的頭髮，也是應該值得我們深思熟慮的。

如果妳的頭髮在經過處理後開始出現乾枯、變黃等現象，那麼就說明妳的頭髮中的營養素已經流失殆盡，此時，妳必須即時為妳的頭髮補充營養。

夏天氣候炎熱、易出汗，頭髮中的油脂也會增多。此時，如果希望自己的頭髮清爽、健康，最好在每次洗髮後或出門前，在頭髮上塗抹些免洗護髮素或者健康髮膜等。這類物質具有保濕功效，能夠有效減緩頭髮中水分的流失。而且有些護髮劑內中還添加了過濾紫外線的物質，可以減少紫外線對頭髮的傷害。

此外，也可以適當的給頭髮補充一些維生素Ｅ。維生素Ｅ是天然的抗氧化劑，不僅對肌膚有抗老化的功效，對頭髮來說，它也是不可或缺的營養來源。尤其是對於經過染燙處理後的頭髮，維生素Ｅ可有效的修復受損細胞，減緩細胞的衰老速度。

維生素Ｂ群能補充髮絲所需的養分，幫助細胞的再生，加強頭髮的韌度，強化髮根，減少頭髮的斷裂、脫落。同時還能夠在髮絲上形成保護膜，維持頭髮的水分，讓秀髮靚麗滑順，易於梳理。

由此可見，想要擁有一頭健康、烏黑、亮澤的頭髮，與細心的呵護是分不開的，不僅要即時地給頭髮補充營養，還要選擇適合自己的洗髮、護髮產品，並且保持正確的洗髮頻率，使用科學的洗護方法。

莫讓鑽石偷走妳的健康

目前，鑽石首飾是所有首飾中的佼佼者，也是最受女性追捧的首飾之一。然而，有關調查顯示，這些流光溢彩的鑽石首飾很有可能就是都市女性的健康殺手。

鑽石是由寶石加工而成的，而幾乎所有的天然寶石都是經過數萬年的演變所形成的，這些寶石在形成過程中受

到地球低輻射線的作用，因此這些寶石都具有較強的放射性。尤其是一些不法商人為了增加寶石的亮度，常會把黃玉、鋰輝石等容易被啟動的寶石放到原子反應堆中，透過中子的反應，促進其發放光彩，抬高飾品的價格。但佩戴經過處理的寶石者，其收到的放射量不亞於從事核事業工作者一年所受到的核輻射的總和。並且越是名貴的寶石，其放射性越強，對人體的危害性越大。女性長期佩戴強輻射的寶石飾品，會導致乳癌、肺癌等惡劣癌症的病發。

但是，這也並不代表所有的寶石都不能夠佩戴，如果寶石經過處理，並且放置的時間超過其放射性的半衰期，那麼它就是安全的。此外，寶石也具有其保健身體的一面，純天然寶石和人體接觸後，其中的有益微量元素就會進入人體，補充人體微量元素的不足。有些人所需的元素如鎂、鋅、銅、錳等，如果從消化系統直接吸收往往無法達到良好的效果，但是透過寶石對人體的接觸吸收效果卻非常好，此功能一般表現在寶石保健枕等上。一些有色寶石還可以有效治療與之相對應的疾病。如紅寶石對治療血壓、貧血、皮膚病等有很好的療效；黃色寶石對低血糖、膽結石有很好的療效等等。

但是，無論是寶石好的一面還是其威脅健康的一面，都應謹慎對待，尤其是在選擇寶石上更應多加小心，以免不小心將「殺手」帶進門。

OL的職業病

坐在高高的辦公室裡，身為OL的妳每天不用風吹日曬，享受著長年恆溫的辦公環境……妳的工作被很多人羨慕，然而她們卻並不知道，妳光鮮的外表下面卻隱藏著這麼多職業性疾病的隱患。長時間與接觸電腦、沒有規律的生活、過長的保持同個姿勢等，這些都威脅著妳的健康。

那麼危害妳身體健康的相關疾病都有哪些呢？

乾眼症：

現代社會，電腦為最主要的辦公工具，因此，妳不得不常常盯著它來工作，這很容易造成妳的眼部損傷。像這樣的近距離用眼容易造成視物模糊、複視、文字跳躍走動等；並引起眼部困倦的感覺，導致眼瞼沈重、對光敏感及眼球和眼眶周圍痠痛或疼痛、眼乾、流淚等。

這就要求妳在日常工作的時候，盡量讓光線從側面照射，調整好光線的強度，並且每工作一個小時就要休息10分鐘，並且每天堅持至少做兩次眼睛的保健操。

滑鼠手：

妳在使用滑鼠時，腕關節背屈約45°～55°，導致妳的腕部肌腱處於高張力狀態，壓迫腕管。手指的反覆運動容易使肌腱、神經來回摩擦，使得大拇指、食指、中指出現疼痛、麻木、腫脹感，嚴重者還會出現腕關節腫脹，導致手部精細動作不靈活等。

妳在每日的工作中，每工作一個小時，就要停下手頭上的工作，做一些握拳、搖動手腕的動作，來幫助手部放鬆。此外，辦公桌上的鍵盤與滑鼠的高度，最好不要低於坐著時妳的肘部的高度，在使用時，盡量不讓要手臂懸空，也不要過於用力敲打鍵盤及滑鼠的按鍵。

骨骼損傷：

長期保持同個姿勢過久，妳會覺得頸部和腰部疼痛，甚至出現僵硬的現象。為了盡可能避免這一損傷，妳應選擇好適合妳的工作臺、工作椅的高度，每工作一個小時以後，就應該停下來，做做運動，搖搖頭、晃晃腰。

手機肘：

如果妳是一個手機達人，那麼妳很有可能患這類疾病，通常每日打電話超過四個小時的人，都會患有這類疾病。

患上這種疾病後，妳會感到肘關節疲憊麻木、疼痛，手臂有時還會抬不起來。嚴重者甚至會演變成為持續性疼痛，雙臂無力，連抓握的力氣都沒有，在前臂旋轉向前伸時，也常因疼痛而活動受限。

現在藍牙這麼普及，打電話時最好還是選擇使用耳機方式，尤其是妳準備長時期聽電話的時候。打完電話後應立即適當進行一些舒展運動，或者用毛巾熱敷以緩解肌肉緊繃。

失眠：

身為ＯＬ的妳，一定對這類疾病見怪不怪了，由於長時間處於緊張的工作狀態中，再加上睡眠時間不規律，難免會引起神經衰弱、失眠等症狀。

失眠後，妳應該盡量保持放鬆，並在妳的枕邊滴兩滴薰衣草助眠精油，聽一段舒緩的輕音樂。

胃病：

工作壓力大，除了要經常熬夜外，妳還常常餓一餐飽一餐。久而久之，妳的胃難免會和妳「鬧彆扭」。工作忙碌的妳，除了要常備胃藥以外，還要盡量保持飲食規律、正常。

除了上述身體的病症之外，在心理上，ＯＬ們也會出現一些問題，追根究底，都是壓力惹的禍！

時代不同了，女人們都開始講究實現價值，追求生活品質了，於是為了不斷朝著自己的目標努力奮鬥，迅速提升自己的經濟地位，經濟壓力也隨之而來！很多女人都在不知不覺中患由於壓力過大引起的「星期一綜合症」等。

其他還有很多職業心理亞健康的症狀，在這裡就不一一詳細介紹了，如果妳最近感到自己有些不舒服，那麼，不如放自己兩天假好好的休息休息。或者是尋求一下健康諮詢室，根據自己的情況，找到適合的調節方法。

身為職場女性的妳，患亞健康類疾病後，千萬不要慌張或是不理會，妳要正視自己的問題，找到問題究竟出在了哪裡，透過逛街、玩樂等方式，不能只是逃避。希望女性朋友們都能積極地面對問題，做一個快樂的職場麗人！

夏季空調房怎麼補水

炎炎夏日已經到來，酷熱難耐的妳，不出門便能感受到太陽光炙烤的溫度，於是，妳躲在空調房中不願外出。

但愛美的ＯＬ，妳知道嗎？空調讓妳感到舒適的同時也帶走妳身上的水分，這就使妳好不容易逃離了炎熱的天氣，卻陷入了乾燥的圈套，該怎麼辦呢？不要擔心，下面這幾招，可以幫助大家在烈日的空調房裡，清涼補水兩不誤，讓妳的肌膚水水潤潤一整個夏天吧！

第一招：做好早晚護膚工作

空調房中皮膚極度容易乾燥，為了美麗的容貌，妳千萬不要偷懶。每天的早上、晚上，妳都要用保濕效果很好，且適合自己膚質的保濕乳，為皮膚補水充電。每日都要堅持，千萬不要為了趕時間或者省事就拖到明天去做或者不做，畢竟是「面子」工程，不能馬虎哦！

第二招：眼部保養很重要

臉部的護理就算是做好了，等一下，妳有沒有忘了什麼呢？沒錯，千萬不要忘記眼部補水護理，眼部的皮膚是我們的臉部肌膚中最脆弱的部分，乾旱的夏季，由於長期處在空調房內，眼部就會因為水分補充不充分，而長出許多細小的乾紋，所以妳在給臉部做完補水之後，一定不能忘記了還有眼部補水要做哦！

第三招：隨身帶一瓶礦泉補水噴霧

無論是否要長期待在空調房間內，到了夏季，愛美的妳都要隨身帶一瓶礦泉補水噴霧，稍感皮膚有些乾的時候，就拿出來輕輕地噴上一層，隨時為肌膚補充水分。另外，潔面布、濕紙巾這時候也可以派上大用場啦！用濕紙巾輕拭手部和臉部皮膚，讓肌膚時刻保持清爽乾淨。

第四招：堅持做好臉部控油

夏季皮膚分泌旺盛，長期處在空調房中的ＯＬ們，如果控油措施沒有做好的話，就很可能成為一個名副其實的油光美眉，導致花容失色，並引發粉刺、痘痘、毛孔粗大……等問題。所以，夏季除了保濕外，還應做好控油、防油的工作！

後記

女人只要追求完美，就一定能完美！

優雅的完美女人不僅表現在外表上，還表現在內涵上。所以，完美女人中的完美應該是一種內在美和外在美交集在一起，渾然天成，無可挑剔的氣質之美。

因為寫《哈利波特》系列而被人知曉的著名女作家J．K．羅琳說：「以貌取人的行徑是膚淺的，氣質才能夠展示女人的內涵和魅力，女人只有依靠氣質，才能真正的征服世界。」

完美的女人不單要擁有漂亮的臉蛋和姣好的身材，更要有豐富的內涵和氣質，氣質是品味的基礎，只有氣質美女，才能成為職場上的焦點，永遠不敗的常青樹。

做為女人，尤其是想要成為完美女人的妳，千萬別讓細節毀了妳原本漂亮的形象，優雅的談吐、傲人的智慧、迷人的氣質、得體的著裝都與妳的一顰一笑、一舉一動中的小細節息息相關。

此外，優雅一定要建立在健康的基礎上。像林黛玉一樣弱不禁風的女人只能遠遠地欣賞，是無法優雅起來的。強健的體魄不僅是男人展示男性魅力的基礎，也應該是優雅的女人展示優雅氣質的基礎。

想成為一個富有優雅氣質的完美女人，除了健康的身體外，還應具有健康的心態。保持一種寬容、豁達、樂觀、平和的心態，這是優雅女人展示優雅的本錢。

優雅的完美女人還應如一口井，深不可測充滿神秘感，不能讓男人看一眼就一目瞭然，而是應該給關注妳的人無限的遐想空間。

膚淺的人永遠無法成為優雅的完美女人，即使她們穿得再時尚，再潮流，表現得再溫柔，再可愛，讓人一眼看穿了所有的心思，也只能是他人眼中的一隻花瓶。所以，想要成為完美女人的妳，就一定要學會深藏不露，讓別人只能看到冰山一角！要知道男人大都喜歡「猶抱琵琶半遮面」的小「性感」。

此外，想成為優雅的完美女人一定也不能少了親和力。如果一個女人「身強力壯」，辦起事來雷厲風行，那麼她永遠只能做一個強勢的女強人。優雅不等於清高，優雅的女人是那種能和大家親密交談的，永遠保持迷人微笑的女人。

細節成就完美，完美與細節是密不可分的，如果妳想要讓自己光芒四射，走到哪裡都能成為閃耀的焦點，那麼妳就必須從生活中的每一個小細節做起。

生活中，細節不只屬於女人，但女人卻離不開細節。對女人來說，氣質、品味往往都表現在這些不起眼的小細節之上。只有注重細節的女人，才能算得上是一個完美、成熟、充滿魅力的女人。

一個魅力迷人的完美女人和一個單純擁有漂亮的女孩之間的差別就在於，魅力女人無論何時何地在人們的面前都是無可挑剔的，都是那麼的完美；而後者則難免忙中出錯，或敗在某些不起眼的小細節之上。

閱讀是一件快樂的事，寫這樣一本書更是一種心靈上的享受。在享受之餘，我們心中也充滿著感恩。因為在寫作過程中，我們不僅得到了很多同行的幫助，還借鑑了許多優秀造型師的時尚理念，在這裡尤其要感謝造型師Seven和Mickey（米琪）對這本書時尚造型方面的建議及幫助。

寫到這裡，全書就算是結束了，在這本書裡為大家介紹了不少細節成就完美的小點子，希望能夠為愛美的妳帶來不少的啟發。

修鍊完美女人不是一朝一夕的事情，只是一個循序漸進卻充滿奇妙的旅程，每一個女人都具有成為完美女人的潛質，只要她去追求！

在這裡希望所有得到這本書的美眉，都能夠從中獲益，變身成為優雅的完美女人，生活得更加幸福、快樂！

國家圖書館出版品預行編目資料

完美女人變身魔法書 / Betty馮著.
－－第一版－－臺北市：知青頻道出版；
紅螞蟻圖書發行，2014.2
面　公分－－
ISBN 978-986-6030-96-3（平裝）

1.女性 2.生活指導

544.5　　103000823

完美女人變身魔法書

作　　者／Betty馮
發 行 人／賴秀珍
總 編 輯／何南輝
美術構成／Chris' office
校　　對／周英嬌、楊安妮
出　　版／知青頻道出版中心
發　　行／紅螞蟻圖書有限公司
地　　址／台北市內湖區舊宗路二段121巷19號(紅螞蟻資訊大樓)
網　　站／www.e-redant.com
郵撥帳號／1604621-1　紅螞蟻圖書有限公司
電　　話／(02)2795-3656（代表號）
傳　　真／(02)2795-4100
法律顧問／許晏賓律師
印 刷 廠／卡樂彩色製版印刷有限公司
出版日期／2014年 2月　第一版第一刷

定價 260 元　港幣 87 元

ISBN 978-986-6030-96-3　Printed in Taiwan